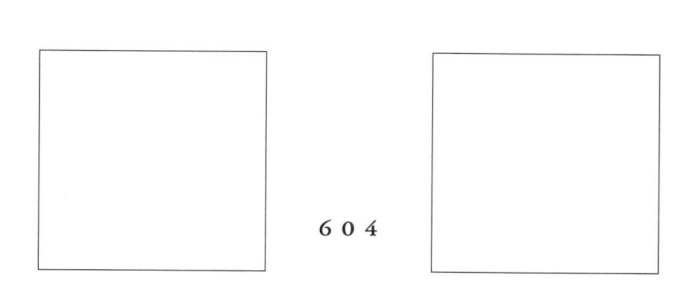

高校生のための論理学

横山雅彦
Yokoyama Masahiko

ちくま新書

高校生のための論理思考トレーニング
【目次】

はじめに 007

第1章 日本人はなぜ議論が下手か 011
闘論バトル?!／噛み合わない／「論理的」は「英語的」／ロジックは英語の「心の習慣」／論理以前／日本人のコミュニケーションはテレパシー／「はっきりしてくれ!」／ホンネとタテマエ／謙遜は通じない／「英語化」するコミュニケーション／「ごめんなさい」のその先／ほめて貶める／単一化する世界／壊れるハラ芸、身につかないロジック

第2章 ロジックの英語、ハラ芸の日本語 039
日本語に主語はあるのか／「私は神の子」／垂直の思想／IとYouはわかり合えない／誰でもよく誰でもない「私」／相手に応じて変わる／「なります」の思想／むすんでは生まれる八百万の神々／いのちの時間／なりますままのいのち／日本で変容する仏教思想／「もったいない」がわからない／ものに宿るいのち／能動的受け身表現／「ナンバ」は主客一体／失われる身体技法／国語教育に身体知を

第3章 現代国語はどうして生まれたのか 067
明治の日本語革命／「現代文」の恩恵／評論用語がわからない／考える方向性に沿う用語——帰納と演繹／行為の両面を表す用語——抽象と捨象／連関する評論用語／英語ではただの日常語／日本語と論理のややこしい関係／時系列が明瞭な英語、状況依存の日本語／消え

た論理指標／冠詞や指示語の情報量／冠詞、指示語の威力／英語にならない／過去形だけど現在形／「イイタイコト」は現在形／和魂洋才が生み出したオニっ子／ふたたび問われるもの

第4章 ロジカルトレーニング［基礎理論篇］　095

ディベートはロジカルコミュニケーション／「あたりまえ」が落とし穴／意味より形／クレームをつくる3つの条件／論証責任を見つける／さらに2つの条件／クレームになるかならないか／「〜と思う」に着目／ロジックの基本──クレーム、データ、ワラント／ひたすら論証責任を果たす／ワラントの省略／ワラントは1日にしてならず／ロジカルな現代文／パラグラフ（段落）の意味／論証責任は自分に還る／言論の自由は論証責任を伴う／小論文で問われること／論証責任の重さ

第5章 ロジカルトレーニング［アウトプット篇］　135

Ⅰ 意見を述べる　136
意見の必要条件／シンプルな三角ロジック

Ⅱ 反対する　142
反対するための鉄則／反対の仕方、3つの方法／反対することから始まる新たな応酬／クレームへの攻撃はアンフェア／反対意見トレーニング

第6章 ロジカルトレーニング［**インプット篇**］　161

三角ロジックのパターン／レトリックとは何か／クレームとレトリックを摑む／レトリックの根本原理／同形反復・反転反復の実例／形は機能／仕上げの問題／現代文の難しさ／極意は「使い分け」／究極、ハラ芸／グローバル時代のホンネとタテマエ

あとがき　212

はじめに

　近年、文部科学省は、特定科目に重点を置く教育カリキュラムを推進し、その研究開発を行なう高校の指定事業を進めている。具体的には、2002年度から、理科・数学に重点を置くスーパーサイエンスハイスクール（26校）、英語に重点を置くスーパー・イングリッシュ・ランゲージ・ハイスクール（18校）が指定され、現在もその数は増え続けている。

　さらにその一環として、2003年度からは、小中学生の国語力向上に総合的に取り組む「国語力向上モデル事業」がスタートした。国際調査で著しい低下が指摘された児童生徒の「学力」に危機感を募らせた結果だろう。これら一連の取り組みから明らかなことは、文科省が「確かな学力」の基礎を「論理的な国語力」と捉えているということだ。

　こうした動きを受け、私が身を置く大学受験業界でも、多くの予備校がしのぎを削って「国語力向上モデル」マーケットに参入しようとしている。業界挙げての「論理」ブーム、教材制作合戦である。

　私は、基本的には文科省の取り組みの方向性は正しいと思う。今日のグローバル化の中で、正しく西洋的論理思考を身につけることは、まさに焦眉の急である。問題は、教育の現場で、しばしばあたりまえのように「現代文」が

「ロジックの科目」とされ、「論理は普遍的にすべての言語に存在する」といった言い方がされることだ。

もともと日本語に「論理」は存在しない。それは、西洋由来の学問を学ぶ道具として、明治時代に初めてもたらされたものである。ロジックを無理やり日本語にあてはめ、いわば「英語の翻訳」としてつくり出された新しい日本語のスタイルが、「現代文」である。ロジックは、特殊英語的な発想法なのであって、決して普遍的ではないのである。この意味で、「もともと日本語に「論理」はないが、現代文に「論理」はある」というパラドキシカルな言い方ができる。そして、このパラドックスこそ、日本語でロジックを扱うことの難しさと限界を物語っている。

本書の目的は、日本語による論理運用のトレーニングをすることである。ただ、その前に、日本語と英語、それぞれの言語の背景にあるものを学んでおきたい。一見遠回りのようだが、そのほうがより問題の本質に近づけるはずだからである。

言語の背景には、長い時間をかけて培われた文化的な風土（心の習慣）があり、言語と心の習慣は密接に影響し合っている。それら心の習慣の違いをしっかり踏まえた上でなければ、日本語による論理運用のトレーニングは、結局は中途半端なものになってしまうだろう。

われわれは、もう一度英語を通してロジックとは何かを学び直さなければならない。とくに「聞き話す」のレベルで、英語との対比において、必要最低限のロジカルなコミュニケーションの仕方をトレーニングし、その上で現代文

のあり方を考え直すことが、火急の課題だと思う。

　パラパラとページをめくってみて、「英文が多い」という印象をもたれるかもしれない。英語と日本語の論理機能面での違い（ひいては現代文の限界）を明確にするためには、英文の使用は、どうしても避けられなかった。とくに論理思考の要とも言うべき「論証責任」は、英語との比較においてしか、説明は不可能である。
　とはいえ、形（＝論理機能）の違いさえわかっていただければ、それでよい。英文が出てきても、その「意味」ではなく「形」にのみ注意してほしい。第6章の「インプット篇」でも、純粋な現代文のテキストとしてなら、青をかぶせた英文は無視して、和訳でトレーニングを進めていただいて一向にかまわない（英語の勉強を兼ねた読者は、もちろん英文でチャレンジしてほしい）。解説を読み、「そんなものかなあ」と思っていただくだけで十分である。そのための仕掛けは豊富である。
　本書は、「英語が苦手」と思っておられる方にこそ、ぜひ読んでいただきたいと思う。われわれが意識せず使っている現代国語のあり方は、英語を抜きにしては語れない。
　本書は、英語教育の現場に立つ者からの「国語力向上モデル事業」に対する１つの提言であり、応答である。

＊囲みの問題文で英文を無視してよいものにはジャンプしたイルカのアイコンを付した。

第 1 章
日本人はなぜ議論が下手か

† 闘論バトル?!

　いつだったか、深夜何気なくテレビを観ていたら、「ディベートファイトクラブ」という番組（フジテレビ）が放送されていた。
　芸能人と知識人の代表３組が、１つのテーマのもと、Ａ（肯定）派とＢ（否定）派に分かれて、議論を戦わせる。与えられた時間内に、言葉や映像など、あらゆる手段を使って聴衆をより納得させた方が勝ちというものだった。
　１組目のテーマは、「「ニッポン」OR「ニホン」統一するなら」だった。ディベートでは、持論はさておき、割りあてられた立場に立って、論陣を張らなければならない。
　「ニッポン」支持の立場に回ったのは、芸能人代表で女性お笑いトリオの森三中だった。彼女たちは、一生懸命に「ニホン」と「ニッポン」の語勢の違いを主張する。サッカーのサポーターに扮して、いかに「ニホン」で応援すると拍子抜けで、士気が上がらないかを熱演してみせた。
　これに対して、「ニホン」支持の側に立った知識人は、「ニホン」こそ本来の呼称であるとして、「日本」や「日本人」という言葉が多用された日本語の文章をナレーターに読み上げさせた。そして、「ニッポン」や「ニッポンジン」の響きがいかに粗野で、美しい日本語に不釣り合いであるかを力説した。
　実は、これは「良いから良い、悪いから悪い」という水かけ論であって、討論でもディベートでもない。他の出演者のプレゼンテーションもほとんど同じで、「芸能人も本

気の闘論バトル!!」というふれこみに期待していた私は、心底がっかりしてしまった。

　改めてフジテレビのホームページを見てみると、「外国人から「おとなしい人種」と思われ、表現力を疑問視されがちな日本人。しかし！　この番組で、選ばれた有志たちが繰り広げる「しゃべりのエンタテインメント」に人々は驚愕する！」とある。

　「なるほど」と思った。最初に「議論が下手」＝「おとなしい」＝「表現力がない」＝「しゃべりが下手」という番組の企画趣旨があって、彼らは誠実に、その趣旨に沿って、必死に「表現力豊かな議論」をしようとしていたというわけだ。

† **噛み合わない**

　日本人は議論が苦手だと言われる。確かにその通りなのだが、多くの人は、「議論が苦手だ」ということを、先の番組の企画者や出演者のように、「表現力がない」や「押しが弱い」と同じことのように受け止めている。「口角泡を飛ばす」という表現があるが、日本人が「ディベート」や「討論」と聞いて即座にイメージするのは、激しい口ゲンカであるようだ。

　日本テレビに「太田光の私が総理大臣になったら…秘書田中。」という番組がある。やはりお笑いコンビの爆笑問題が、他のタレントやコメンテーターとさまざまな仮想マニフェストについて議論するのだが、これも「口角泡を飛ばす」という表現がぴったりの内容だ。

「小泉チルドレンのテレビ出演を禁止します」というマニフェストでは、「インチキ選挙に受かったやつらじゃないか」、「あんな断片的にしか話せないバカ（小泉首相）がカリスマになるんですか」、「郵政民営化なんてどうだっていいじゃないか」、「政治家は第2次世界大戦について専門家じゃないといけない。知覧特攻隊を知って涙するのはあたりまえ。小泉さんは感動するのが遅すぎる」などなど、そのひとつひとつが、それだけでディベート大会の議題になる重大な発言が飛び交う。
　後述するように、もともと「議論」や「討論」は、日本には存在しなかった。「ディベート」の訳語として、明治時代に生まれた新しい言葉である。
　ディベートには「論証責任」という考え方がある。その責任を果たすことが、ディベートのすべてであると言っても過言ではない。「どのように、なぜインチキ選挙だったのか」、「どのように、なぜ郵政民営化はどうでもいいのか」、「どのように、なぜ政治家は第2次世界大戦の専門家でないといけないのか」──すべての発言に、重大な論証責任が生じてしまっている。それらを何ら果たすことのない、無責任な「放言」が延々と続くのである。
　「国会議員の立候補を禁止し、国民推薦制を導入する」をマニフェストに掲げた「議論」では、ある出演者が口にした「消費税」の言葉尻を捉えて、太田が突然「消費税なんてどうだっていいんだ！」と叫んだ。すると、女性経済ジャーナリストが「そんなことないですよ、消費税は庶民にとって重要な問題ですよ！」とヒステリックにかみつく。

そうなると、もう「国民推薦制選挙」のマニフェストはどこへやら、出演者全員の怒号が渦巻いて、収拾がつかなくなってしまう。「消費税なんてどうでもいい」も、「消費税は庶民にとって重要な問題だ」も、それぞれがディベートの議題（この番組ではマニフェスト）になる大命題である。そうした大命題が、何ら論証されることもなく、ポンポン飛び交うのである。
　彼らが口角泡を飛ばしてなじり合う様子を見ながら、私はかつて教材作成委員を務めていた予備校の教材会議を思い出していた。それぞれが自分の主張を繰り返すばかりで、まるで話が嚙み合わない。挙句、存在感のある人――予備校の場合なら、生徒に人気のあるカリスマ講師――が場をリードし、周囲もつい印象に引きずられて付和雷同してしまう。
　錚々たる知識人や教養人が「激論」を戦わせる「朝まで生テレビ！」（テレビ朝日）は、めいめいが競って専門知識を披瀝し、小難しい修辞的技法を駆使する分、余計に厄介で、ときに発言は人格攻撃や中傷に及んで、パネリストが退席してしまうことさえある。アメリカ人のディベートなら、どれほどヒートした議論を戦わせても、終わった後は、お互い肩を叩いて健闘を讃え合うのに、である。

†「論理的」は「英語的」

　意外なことかもしれないが、「議論が苦手」と「英語がしゃべれない」は、ほぼ同義である。
　アメリカ人と会話をしたことがある人なら、一度は「な

ぜですか？」、「どのように？」などと、質問攻めに遭って、閉口してしまった経験があるのではないだろうか。
　「キムタクはカッコいいです」
　「どのようにカッコいいのですか？」
　「UFOは実在すると思います」
　「なぜそう思うのですか？」
　こちらが何か発言する度に、その理由を求められ、答えに窮してしまうことがしばしばある。「どうしてアメリカ人は、あんなに理屈っぽいんだろう」と、あきれてしまったことはないだろうか。
　「どのようにキムタクはカッコいいのか」、「UFOはどのように実在するのか」とアメリカ人に問われ、返答に窮するようでは、「議論」や「討論」などできるわけがない。「議論」や「討論」の「論」とは、「論理」のことだが、そもそも「論理的」は「英語的」と同義の言葉だからである。

　実は、「論理」という言葉は、logicの訳語として、明治期に生まれた新しい日本語だということをご存じだろうか。したがって、「議論」や「討論」、「論文」などといった言葉も、当然、明治以前の日本には存在しなかった。

　どんな言葉にも2つのルールがある。「目に見えるルール」と「目に見えないルール」である。目に見えるルールとは、「文法」であり「シンタックス（統語）」である。そして、目に見えないルールとは、その統語を支配する「心の習慣」ともいうべき無意識的な思考様式であり、コミュニケーションのパターンである。あるいは、「説得の仕方」と言ってもいいかもしれない。

あらゆる言語には、その言語特有の心の習慣がある。言語の数だけ、心の習慣があると言っていいだろう。「ロジック」とは、英語の心の習慣なのである。

ロジックは英語の「心の習慣」

　近代化とともに西洋（英語）由来の学問がもたらされ、日本語はロジックの洗礼を受けた。その結果生まれたのが、「現代文」である。現代文とは、「英語的な日本語」、もっとわかりやすく言うなら、「英語の翻訳」なのである（第3章で詳しく述べるように、現代文は「和魂洋才」のスローガンが生んだ文化ミクスチャーである。それが今日、現代文で論理力養成を図る大きな障害になっている）。

　日本語で「論文」というと、非常に難しく高尚なイメージがあるが、英語では単にpaperである。「論文」とは、文字通り「論理的な文章」を意味するが、そうとすれば、必然的にすべての英文は論文である。私が予備校で教えている「ロジカルリーディング」も、多分に営業戦略的なネーミングであって、本来「英語リーディング」でよい。英語にロジカルでない読み方などないからだ。

　同じように、英語で行なわれる会話は、フォーマルなものかインフォーマルなものかの違いはあっても、必然的にすべて「討論」であり、「議論」である。すべての会話英語は議論なのである。

　「中学校から高校まで、6年間英語を勉強しても、日本人はろくに英語で日常会話すらこなせない」と、よく耳にする。それは事実なのだが、日本人がアメリカ人とコミュニ

ケーションが図れない最大の問題は、統語を操る能力にではなく、心の習慣にあると言ってよい。

　英語の統語に関して、日本人ほど熱心に勉強し、かつ精通している国民は、おそらく世界中のどこを探しても存在しない。日本人の多くが、どれほど英語を勉強してもアメリカ人と上手くコミュニケートできないのは、日本語の心の習慣で英語の統語を操ろうとするからだ。たとえて言えば、サッカーボールでテニスをしようとするようなもの、柔道の技術で剣道をしようとするようなものである。そして、このことこそ、日本人が議論が苦手な理由でもあるのだ。

† 論理以前

　われわれが母語を用いるとき、「何が意見となるか」など、まず意識することはないだろう。無意識のうちに「意見」を口にし、無意識のうちに相手が「意見」を口にしていると判断し、それに反応する。

　実は、「何が意見か」を決めるのも、心の習慣である。つまり、日本人にとって意見であることが、必ずしもアメリカ人にとって意見になるとは限らない。また、アメリカ人にとって意見であることが、日本人にとって意見になるとは限らない。

　たとえば、デパートで父親の誕生日のプレゼントを買ったとしよう。あなたが一言、「これは父の誕生日のプレゼントなんです」と伝えるだけで、日本人の店員ならば、即座に「どのようにラッピングいたしましょうか」と応じる

はずだ。

　しかし、このやりとりは、アメリカ人にはまったく理解できない。同じセリフを文法的に正しく英訳し、正確な発音・アクセントで、"This is a birthday present for my father."とアメリカ人の店員相手に伝えてみたところで、"Oh, that's cool!"（まあ、素敵！）、あるいは"How old is he going to be?"（おいくつになられますか？）などといった反応が返ってくるだけだ。

　日本人の心の習慣は、「察し」であり、「ハラ芸」である。「言わぬが花」と言うように、言いたいことがあっても、「みなまで言わない」ことが美しいとされてきた。

　日本語の「言わぬが花」は、英語の"Silence is golden."（沈黙は金）とはまったく違う。英語のsilenceは、あくまでspeechを前提とする雄弁術の１つだ。より有効に言語的説得を生かすため、ときにあえて押し黙る。あるいは、戦略的に発言を控える。ところが、日本語では、「イイタイコト」＝「ハラ」は言葉にせず察してもらう。そして、相手もそのハラを察する。これは、「非論理」（illogic）ではない。「前論理」（pre-logic）である。

† 日本人のコミュニケーションはテレパシー

　「ハラ芸」は、英語にはtelepathyとしか訳せない。日本人のコミュニケーションは、アメリカ人にとっては文字通りテレパシーなのである。

　私は仕事の関係で、ほとんど週に１回のペースで東京と大阪を往復している。先日、新幹線のグリーン車に乗って

いたときのことだ。最近は不況の影響もあり、昼間のグリーン席はガラガラで、その日は私1人しかいなかった。

私は、ふだんよりもかなり大きいボリュームでウォークマンを聴きながら、うとうとしていた。と思うと、突然誰かに腕を叩かれて目が覚めた。見ると、目の前にヤクザ風の男が立っている。あわててイアフォンを外してみると、「こりゃ、音が丸聞こえじゃ！」と怒鳴っている。私は、すぐに「それはすいませんでした」と謝って音量を下げた。

予備校の授業で配布したプリントが足りないとき、日本人の生徒は「プリントが足りません」と言う。それを受けて、先生は足りない枚数分のプリントを渡す。あるいは、黒板の板書がよく見えないとき、「先生、黒板の字が小さすぎてよく見えません」と言う。それを受けて、先生は板書の字を大きくする。これらは、みな日本的な察しであり、ハラ芸である。

「音が丸聞こえだ」を英訳すると、"The music from your phones is all heard." くらいだろうか。学校の英作文の答案なら、文句なしの満点答案である。しかし、アメリカ人なら、決してそのようには言わない。つまり、これは英語であって英語ではない。アメリカ人には、このように発話する心の習慣がないということである。

もちろん、顔の表情や身振り手振り、口調などから、場のメッセージとして思いは伝わるだろう。しかし、非常に奇異な印象を与える。ウォークマンの音量を下げてほしければ、その通り「音を下げてくださいますか？」と言う。あるいは、生徒は「プリントを◯枚ください」と言う。あ

まりにもあっけないことかもしれないが、それが英語の心の習慣（＝ロジック）なのである。

「はっきりしてくれ！」

　私は、大学2年から数年間、ECC外語学院の講師を務めたが、講師室でネイティブの講師たちが、「日本人と話しているとイライラする」と文句を言うのを、何度も耳にしたことがある。「「楽しい休暇だった」と言うから、「どう楽しかったの？」と聞いても何も言わない。「光GENJIはカッコいい」（当時は光GENJIの全盛期だった）と言うから、「どうカッコいいの？」と尋ねても、あっけらかんと"I have no reason."（理由はありません）なんて言う。どうしてあんなに無責任に発言するんだ！」と。アメリカ人はアメリカ人で、日本人との会話に閉口し、あきれているのだ（私が生徒からもっともよく受けた質問の1つは、「だってそう思うから」を英語でどう言えばいいかだった）。

　この傾向は、来日して間もないアメリカ人ほど強い。ところが、だんだん日本での生活に慣れ、日本人のコミュニケーションがわかるようになると、"Wow!"とか"Really?"などと、上手に日本人の生徒を相手に「営業」するようになる。

　彼らの中には、本国でTESL（外国語としての英語教育）のトレーニングを受けた専門家もいるが、ほとんどは禅や歌舞伎など、日本の伝統文化に深い関心をもって来日し、アルバイトとして英会話を教えている人たちである。したがって、むしろ積極的に日本的コミュニケーションに同化

しようとしている人も多い。

このように、「営業努力」からなのか、それとも「日本びいき」からなのか、それはともかく、日本に在住するアメリカ人の英語は、しばしば割り切った「対日本人英語」になってしまっている。くれぐれも英会話学校の教室でのコミュニケーションを「論理的」なものだと思わないほうがいい。

ところが、講師室に戻ってきて、同じネイティブや英語を「論理的」に操る日本人を相手にすると、彼らは途端に英語（ロジック）の世界に帰ってくる。教室ではニコニコ授業していても、その鬱憤を晴らすように、日本人のテレパシーのような非論理的コミュニケーションを非難する。

私は、彼らを相手に「日本人のコミュニケーションは非論理的なのではない、前論理的なのだ」と、どれほど説明したことだろう。こうしたネイティブたちを相手に日本の文化や日本人のコミュニケーションを説明しようとしたことで、生徒以上に私自身がもっとも英語を鍛えられたのではないかと思う。

ホンネとタテマエ

厄介なことに、日本人は、本当のことを言うとは限らない。ウソ、つまりタテマエからホンネを察し合う。ホンネとタテマエの使い分けこそ、ハラ芸の神髄である。

手紙では、相手が不況で倒産寸前でも、「みなさまには、ますますお元気にお過ごしのことと拝察申し上げます」と書く。英語なら激怒されるところだ。それでも、そこに込

められた心は伝わる。こんな慌ただしくせちがらい世の中で、わざわざペンをとって手紙を書いてくれた。「がんばってくださいよ、応援していますよ」という真心は、必ず相手に伝わる。情緒あふれる出来レース、それが日本語のハラ芸なのである。

中学３年生の秋、神戸市外国語大学で開かれた兵庫県下の中学生の英語暗誦大会に出場したときのことだ。すでに三木市の大会で優勝していた私は、張り切ってスピーチ前の挨拶を考えた。

市とは言っても、アメリカ人と話す機会などまったくない田舎だったから、学校の先生だけが頼りである。私の草案を添削して、先生が赤ペンで書き上げてくださった原稿は、次のようなものだった。忘れもしない、一言一句この通りである。

My name is Masahiko Yokoyama. I'm a student at Bessho Junior High School in Miki City. I'm a poor speaker of English. But please listen to my recitation. (私の名前は横山雅彦です。三木市の別所中学校の生徒です。私は英語が上手ではありません。でも、私の暗誦を聞いてください。)

私の順番が最初でなくて幸いだった。もし本当にこの挨拶をしていたら、おそらく場内大爆笑だっただろう。さすがに県下に名だたるミッション系の名門校の出場者が、誰１人このような挨拶をしないのを見て、先生も不安になったのか、スピーチの合間にそっと私に近づいてきて、この

挨拶はとりやめになった。

　この挨拶は、明らかにタテマエ、謙遜である。語彙や表現、つまり統語は確かに英語だが、心の習慣が英語的ではない。ロジカルでないのである。

　スピーチコンテストでは、最初に"Thank you, Mr. (Ms.) Chairman."と、「チェアマン」に挨拶をするのが決まりである。そして、"(Honorable) Judges, Ladies and Gentlemen."と続ける。審査員よりもチェアマンのほうが偉いのだ。

　日本語に適当な語彙がないのだが、「チェアマン」は単なる「司会」ではない。委員会では「委員長」、議会では「議長」で、組織の全権を委任された最高責任者である。日本の弁論大会では、単なる進行役にすぎないが、本来チェアマンは出場権を停止したり剥奪したりすることさえできる存在だ。そのチェアマンがわざわざ紹介してくれているのである。もう自己紹介の必要などない。

　また、いやしくも大会にエントリーしてきているのだ。一生懸命に練習し、まさにいまその成果を披露しようとしているのに、いくらなんでも"I'm a poor speaker."はない。

　よく日本人が贈り物をするときに「つまらないものですが」をそのまま英訳して、「それならば結構です」と言われてしまったという笑い話を聞くが、ロジックではホンネを言えばよい。"I hope you'll like it."と言って贈ればいいのだ。スピーチの場合なら"I hope you'll enjoy my speech."くらいだろうが、これもチェアマンの紹介を受

けて演壇に上がっているのだから不要である。

†謙遜は通じない

スピーチコンテストと言うと、もう1つこんな経験がある。1984年に全日本学生英語弁論大会で優勝し、懸賞旅行で初めてアメリカを訪れたときのことだ。

4週間の滞在を通じてさまざまなもてなしを受け、最後にロサンゼルスのディズニーランドに連れて行ってもらった。確か、ホワイトハウスを模したアトラクションだったと思う。リンカーンの人形が、壇上でかの有名な「ゲティスバーグの演説」をする。コンピュータで音声を再生したのだろう、まさにリンカーンかくありなん、という感動的な光景だった。

アメリカ人の心の琴線に触れるスピーチというと、2つある。1つがこのゲティスバーグの演説──19世紀半ば、南北戦争でリンカーンが行った「人民の、人民による、人民のための」というフレーズで知られるスピーチと、もう1つが「私には夢がある」──20世紀半ば、黒人公民権運動を率い、黒人の自由の象徴ともなったマーティン・ルーサー・キング牧師が、1963年のワシントン大行進の際に行ったスピーチである。

リンカーンの人形が演説を終えた途端、観客は総立ちになり、ホールは大歓声に包まれた。そして、その熱狂さめやらぬうちに、われわれはアトラクションを後にした。夜の9時頃で、花火が打ち上がっていたと思う。1人の女性が私にこう話しかけてきた。

"You made a speech like that, too, right, Mr. Yokoyama?"(横山さん、あなたもあんなふうにスピーチをしたんでしょう?)

そのとき、たぶん私は次のようなことを言ったと思う。

"Oh, don't mention that! Compared to that speech, mine was even less a speech. I'm so ashamed I wish I could sink through the floor."(ああ、そのことには触れないでください。あのスピーチに比べたら、ぼくのはスピーチなんかじゃありません。恥ずかしくて、穴があったら入りたい気分です。)

われながら見事な口語英語である。日本人なら、間違いなく「まあまあ、ご謙遜を」と返しただろう。当時の私と言えば、ろくに授業にも出席せずにESS(英語研究会)の部室に入り浸り、ただ「日本一英語がうまくなりたい」、「アメリカ人のように聞こえたい」という一心で、文字通り英語三昧の日々を送っていた。冗談ではなく、鼻血が出るまで英語を聴き、深夜下宿の迷惑にならないように、自転車で大通りを何度も往復しては、声帯を割るまでスピーチをがなり続けた。そして、とうとう念願果たして全日本の学生チャンピオンになった得意の絶頂期である。このセリフは、明らかに謙遜だった。

しかし、アメリカ人の反応は違った。彼女は周りにいた現地の同行者を呼び集めて、こう言ったのだ。

"Don't be so upset, Mr. Yokoyama. You don't have to compete with Lincoln! You are not participating in a speech contest anymore."(横山さん、落ち込んだりしないでください。リンカーンと張り合う必要なんてないんですよ。も

うスピーチコンテストは終わってるんですから。)

　文法的に正しくても、発音やリズムが正確でも、アメリカ人とコミュニケートできないことがある。大げさではなく、私にとって初めてのカルチャーショックだった。

　このような場合、実は英語の統語が正確であればあるほど、そして英語の発音が美しければ美しいほど、生じる誤解はより深刻になる。統語や発音が拙(つたな)ければ、相手もそれなりに構えてくれるが、なまじ英語が上手ければ、その構えが解かれ、ネイティブ相手に話しているような気分に陥るからだ。

†「英語化」するコミュニケーション

　実は最近、奇妙なことに、この種のカルチャーショックを日本人の生徒相手に感じるようになってきた。私は、通年授業の1回目の講義で、必ず日本語と英語の心の習慣の違いについて説明するのだが、その度、確実に彼らのコミュニケーションの様式が変化しつつあることを実感させられる。

　次のやりとりは、テープに残っている数年前の私のオリエンテーション講義の一部を忠実に再現したものである。

横山：たとえば、みんなが大学を卒業して就職をして、部長さんの家に招かれたとしよう。奥さんがコーヒーとケーキを出してくださった。そのケーキをいただいて、「もう1ついかが？」って聞かれたら、みんなは何て言わなきゃならないの？

生徒Ａ：どうぞお構いなく。

　横山：そうだね。それが礼儀です。でも、出てくるでしょ（笑）。「そうおっしゃらずに、どうぞ召し上がって。せっかく買ってきたんだから」と言って出てくる。そもそも、欲しそうにしてるし、食べてくれそうだから聞いてるんです。こっちも、出してくれるとわかっていて、「お構いなく」と答えてる。出来レースなんですよ。アメリカ人相手に「どうぞお構いなく」なんて言おうものなら、もう決して出してはくれません。

　あなた、何か楽器はやりますか？　ピアノ？　じゃあ、あるお宅にパーティーに招かれて、グランドピアノが置いてあった。「１曲弾いてみてください」って言われたら？

　生徒Ｂ：いや、勘弁してください。

　横山：そうですね。「いえいえ、とてもお聴かせできるような腕前じゃありません」です。ところが、向こうは「まあまあ、ご謙遜なさらずにぜひ」。すると、こっちも「いえいえ、とんでもないです」。「まあまあ」。「いえいえ」。「まあまあ」。「いえいえ」。これを繰り返して、結局は弾く（笑）。アメリカ人なら、「下手なら結構です」で、一巻の終わりです。

　やっぱり出来レースなんですよ。弾くとわかっているから、頼んでいる。弾くことになるとわかっていて、断っているんです。というか、練習してきてる。弾く気満々（笑）。これが日本人のハラ芸なんです。

　この説明は、水戸黄門の印籠シーンのように、私の十八

番として何年も繰り返してきたものである。ところが、最近になって、最初の質問にはあっけなく「いただきます」、次の質問には「わかりました」と答える生徒が増えてきて、この得意技が通用しなくなっている。わずか10年前の生徒なら爆笑したはずの落としどころで、笑いが起こらない。

　なぜなのだろう。あれこれ考えているうちに、「いや、これはどこかで経験したことがある」という不思議な感覚にとらわれた。そして、思いあたったのが、20年前、私が初めてアメリカを訪れたときのカルチャーショックだった。そう、彼らのコミュニケーションは、ここ数年、明らかに英語化しはじめているのである。

†「ごめんなさい」のその先

　2003年に、渡辺謙が助演して話題になった「ラストサムライ」というハリウッド映画がある。その年の9月に、私はメキシコに空手指導に出かけて、その映画のことを知った（私は英語以上に長く空手を修行していて、世界伝統糸東流(りゅう)空手道連盟の事務総長を務めている）。いまから40年前に初めてメキシコで空手を教え、現地で「空手道の父」と呼ばれた日本人が、「感動して涙がとまらなかった。ぜひ観たほうがいい」としきりに勧めるので、帰国してさっそく観に行った。

　ストーリーは、典型的なポストコロニアルで、アメリカ史を白人の側からだけではなく、黒人やインディアン（先住民）の側からも語り直そうというものだ。南北戦争の英雄で、大勢のインディアンを殺して大変な軍功を挙げたオ

ールグレンという大尉が、近代化を押し進める明治政府の要請を受けて来日する。近代化をはばむサムライの討伐を要請されたわけだ。

　アメリカにおけるインディアンが、日本におけるサムライである。サムライなどという部族は存在しないのだが、この文化剝奪する側とされる側という、単純なハリウッド的善悪二元論に立って、ストーリーは展開する。

　おそらく戊辰戦争を想定しているのだろう、トム・クルーズ扮するオールグレンは、サムライと戦って、何人かを倒しながらも、ついに力尽きて大怪我をし、サムライの里に捕虜となる。ここで、彼はた・か・（小雪）という女性に親切に介抱してもらうことになる。

　実は、たかはオールグレンに夫である広太郎を殺されていた。内心ではオールグレンを殺してしまいたいくらいに憎んでいる。しかし、兄であり、サムライ族の頭領でもある勝元（渡辺謙）の命令で、けなげに一生懸命オールグレンの世話をするのだった。

　ある日、自分がたかの夫を殺したと知ったオールグレンは、英語と片言の日本語で「I'm sorry...ごめんなさい。ごめんなさい……For your husband, Hirotaro」と謝罪する。すると、たかは「あの人は侍として本懐を遂げました。あなたもあなたのすべきことをしただけです」と答え、ひとこと「お気持ちだけは……」と言う。

　私は、これを聞いて、てっきりここからたかの仇討物語が始まるのかと思っていたら、なんと急転直下、たかとオールグレンのラブストーリーになっていくではないか。

私は、まったく理解できずに、後日もう一度観に行った。そして、ようやく腑に落ちた。たかが「お気持ちだけは……」と言ったときの字幕スーパーである。なんと、"I accept your apology."（あなたの謝罪を受け入れます）となっているのである。

　"I accept your apology." なら、すっきり論理が通る。オールグレンが全面的に自分の非を認めて謝罪をし、たかがそれを受け入れた。たかは日本語のハラ芸ではなく、英語のロジックでものを考える人だったのだ。

　"I'm sorry." は、日本語の「すみません」ではない。日本語では、話を円滑に進めるために、軽い調子で「すみません」や「ごめんなさい」を使う。しかし、英語の "I'm sorry." は、「本当に自分のほうが悪かった。自分に完全に非がある」ということを認める言葉である。本当に悪かったということを認めない限り、ロジックの世界に謝罪はない。

　私が大学１年のとき、当時所属していた ESS が、毎年恒例の弁論大会を開催するために準備をしていたときのことだ。ある大学の P 教授にジャッジを依頼することになった。ところが、交渉の際、P 教授は報酬面での不満を漏らしたらしい。

　確か１日１万円だったと記憶しているが、これは当時の相場だったし、学生が自治的に主催するコンテストとしては精一杯の額だった。ところが、部長がとっさに "I'm sorry, but..." とやってしまったものだから、値上げせざるを得なくなってしまったことがある。

「ラストサムライ」は、サムライの魂どころか、日本人のハラ芸すら、ろくに描けてはいない。にもかかわらず、その奇妙なやりとりに涙していた若いカップルの多かったこと。自分の生徒に聞いても、みな口々に感動したと言う。人生の半分以上をメキシコで過ごし、思考がスペイン語化してしまっている「メキシコ空手の父」ならともかく、このたかとオールグレンのやりとりを自然に受け入れ、感動したとすれば、その人のコミュニケーションは、たかと同じように、すでに英語化してしまっているのかもしれない。

ほめて貶(おとし)める

　同じ日本人だからと思って会話していると、まるでアメリカ人のような反応を示す若者が、確実に増えている。その傾向は、とりわけ情報化が加速化しはじめた80年代以降のインターネット世代にとりわけ顕著であるようだ。
　ハラ芸や察しの世界では、「すみません」という言葉は、本当に美しいものである。とかくぎすぎすしがちな人間関係の潤滑油のような言葉だ。ところが、最近では車をぶつけても、アメリカ流に「すみません」とは言わない日本人が増えているという。交通事故で弁護士に相談しても、真っ先に確認されるのは、「すみません」と言ったかどうかなのだそうだ。先に謝ったほうが負けになり、賠償金を払わなければならなくなるからだ。これは、やはりインターネットやメールにおけるグローバルスタンダードの影響だろう。すでに国際ビジネスの世界では、ハラ芸はタブーである。

かつて私が英語科主任を務めていた予備校の社長は、50代の典型的な大阪商人で、とても愛すべきキャラクターのもち主だった。

　実は、その予備校の講座はほとんど赤字で、台所は火の車だったのだが、その社長は、数名しか生徒のいない講師に対しても、コテコテの大阪弁で、「先生、いつもがんばっていただいて、ほんまにありがとうございます。先生のおかげで、来年は大ブレイク間違いなしですわ。講座も倍に増やして、時給もどーんと上げられるようにがんばりますから、ひとつよろしゅうお願いしますねえ」などと、浪花の商人流ハラ芸を繰り広げるのである。

　このセリフは、大阪弁に限らず、日本語のハラ芸では「経営が厳しく、生徒が増えない限り、おそらく時給は上げられない」という意味だ。ロジックが「1＋1＝2」、「2＋2＝4」といった線形の数学的思考であるならば、ハラ芸は非線形である。

　批判の仕方も対照的だ。日本語では批判はダイレクトには口にせず、あからさまな賛辞を積み重ねることで、皮肉や中傷を表現する。「ほめ殺し」である。たとえば、日本語でよく使われる侮蔑語に、「貴様（キサマ）」や「尼（アマ）」がある。「貴様」を英語に直訳すると honorable self（貴いあなた様）、「尼」は nun（女性の聖職者）で、どう転んでも侮辱にはならない。

　「おそらく日本の女性は、female dog と呼ばれるよりは、まだ nun のほうがましだと思っているのだろう」というアメリカ人ジャーナリストのコメントを読んだことがある。

female dog というのは、「メス犬」を意味する bitch のことだが、このように直接口にしたり表記したりすることが憚られるほど、bitch は英語最大の侮蔑語の１つだ。「１＋１＝２」、「２＋２＝４」という数学的なロジックからすれば、その通りなのだろう。しかし、「貴様」や「尼」を侮蔑語たらしめるのは、ロジックではない。「ほめ殺し」というハラ芸なのである。

先の社長のコミュニケーションに対しては、東京の講師のあいだでも２通りの反応があった。社長のハラ芸を正しく受け止めるものと、そのまま真に受けて講座の増設や昇給を期待してしまうものである。

後者は、もっぱらインターネットやメールでコミュニケーションを行なう若い講師に多かった。私は、生徒が相手でも若い講師が相手でも、その人がどの時期に生まれたのかによって、コミュニケーションの構えを変えるようにしている。

† 単一化する世界

「文明の衝突」と言われるが、私の恩師である東京外国語大学の小浪充教授（こなみたかし）（現名誉教授）によれば、世界にはすでにアメリカ文明という名の功利主義思想（最大多数の最大幸福）を中核とする普遍的文明への基礎構造が出来上がっている。小浪教授が「功利主義文明」と呼ぶこの普遍文明は、政治的には民主主義（最大多数）、経済的には自由市場経済（最大幸福）という形で、強い浸透力をもって世界を覆っている。

現在世界に起こりつつあることは、この世界文明に対して、さまざまな土着文化がそれぞれに工夫をこらし、適応しようとする過程である。そして、その過程は情報化の進展によって、いまや文字通りグローバル化してきている。
　その立役者が、インターネットであることは論を待たない。インターネットは、アメリカが生み出したものである以上、その媒体が英語となるのは、当然のことである。
　そもそもインターネットのキーボードは、英語で配列されている。たまたま「かな」をもっていた日本は、奇跡的にそのままローマ字表記によりアルファベット入力に対応することができた。しかし、他のアジア・アフリカ諸国では、中国のように文字を大幅に簡易化するか、いっそのこと英語を採用してしまったほうが手っとり早い。これは、いわば言語の死であり、１つの生きる可能性が永遠に閉ざされてしまうことを意味する。
　英語を公用語とすることなくインターネットに対応した日本だが、事態の深刻さは変わらない。すでにほとんどの日本人にとって、日本語を「書く」ことは、コンピュータのキーボードを「打つ」を意味する。日本語を文章化する前に、いったんアルファベットに置き換えているわけで、その思考が英語化するのは当然である。
　歌舞伎や映画の演出家で、演劇評論家でもあった武智鉄二氏は、『舞踊の芸』（東京書籍）の中で、「人が犬を認識するとき、スピードを尊び、時間と距離との相乗性への考慮を必要とする騎馬民族の言語では、"This is a dog."というように、直観に依存して決定（is）を早める」とする。

これに対して、もともと騎馬民族でない日本人は、「「一匹の犬」と認めた上で、「で、はない、こともない」というように、自問自答という形で、肯定と否定との決定を、どこまでも、考え深く、延ば」していくのだという。

　私のように、パソコンを使ってしか文章を書く（打つ）ことができないという日本人は、すでに日本語本来の強靭な思考を失ってしまっているのかもしれない。ワープロを起動するやいなや、勢いよくキーボードを叩きつけながら、あとでごっそり段落を移動させ、修正に修正を重ねて文章を完成させていくやり方は、武智氏が言う「スピードを尊び、時間と距離との相乗性への考慮を必要とする」英語のそれそのものだろう。英語話者においても、パソコンやワープロの使用が、この即断即決思考に拍車をかけている。

† 壊れるハラ芸、身につかないロジック

　日本語のロジカル化は、グローバル時代の要請であり、ある意味では必然的なことだと思う。ただ、問題はその変化があまりにも野放図だということである。もし日本人の若者の日本語が、本当の意味で英語化しつつあるのなら、それは同時にロジカルなものになっていなければならない。英語やロジックの習得も容易になっているはずである。アメリカ人とのコミュニケーションも、もっとスムーズになっているはずだ。

　しかし、事実はそうではない。いまわれわれが見聞しつつある若者のコミュニケーションの現実は、いわば「文化ミクスチャー」とも呼ぶべき極めて異常な事態である。ロ

ジックとハラ芸、互いの悪い部分だけが結びついてしまっている。

　冒頭に述べたようなテレビの討論番組、あるいはインターネットの書き込みが、その現状をよく物語っていると思う。アメリカには、日本のインターネット事情に深い関心を寄せている研究者が多い。とくに「２ちゃんねる」のような巨大匿名掲示板は、日本にしかない現象なのだそうだ。ここまでインターネット上で無責任な放言が飛び交う国は稀で、しかもそこで書き込まれた内容が、まともに取り上げられ、場合によってはメディアを賑わすなど、アメリカでは信じられないことらしい。

　これは、ロジックの土壌がない日本語の世界に、ロジックを前提とするインターネットのシステムだけがもたらされた結果だろう。インターネット自体が問題なのではない。論証責任を果たさない無責任な言論の媒体となってしまっていることが、問題なのである。

　われわれは、これ以上の日本語への野放図なロジックの浸透を食い止め、改めて必要最低限のロジックを修得しなければならない。それには、改めて英語に学び直さなければならないだろう。

　そのためにも、次章では英語のロジック、日本語のハラ芸の背景にあるものを学んでおこう。なぜ英語は論理的(ロジカル)で、日本語は前論理的(プレロジカル)なのか、そのことを一緒に考えてみたい。

第１章　日本人はなぜ議論が下手か　037

第 2 章
ロジックの英語、ハラ芸の日本語

† **日本語に主語はあるのか**

　いわゆる学校文法は、主語と述語の修飾関係の把握からはじまる。手元にある無学年制の現代文の論理テキストにも、「きれいなバラが咲いている」の主語は「バラ」で、述語は「咲いている」だと、当然のように説明されている。
　この現代文の解析作業があって初めて、英作文は可能になる。少し英語の得意な受験生なら、難なく"A beautiful rose is blooming."と訳すだろう。ネイティブであれば"I see a beautiful rose blooming."と訳すかもしれない。
　しかし、本当に「きれいなバラが咲いている」という日本語に、英語的な「主語」はあるのだろうか。
　国語学者の山口明穂氏は、英語の論理で日本語を考えることを強く批判し、山田孝雄氏や時枝誠記氏（ともに国語学者）らによる先行研究を踏まえた上で、日本語の「が」を主格の表示とする学校文法が、日本語をわからなくしていると主張する（『日本語の論理』大修館書店）。「日本語の論理」は、あくまで日本語の中から帰納すべきであるのに、西欧の主格（主語）という概念を無批判に取り入れ、それを「が」にあてはめたことが、日本語を考える際の間違いの根本的な原因になっているという。
　山口氏は、「「犬が吠える」という文は、「吠える」の起こるもとが「犬」であったと話し手が考えたという内容の文である。これは、「犬」がいたから「吠える」があったという内容であると言い換えることもできる。……従来いわれている、「犬」が主語で、「吠える」が述語であるとだ

け考えたのでは、この文の意味が十分に理解されたとはいえない」と述べている。

　山口氏の考えでは、「が」とは、起こったこと（起こっていること）に対して、それを起こすもとになったものを示す語である。「バラが咲いている」の場合なら、まず「咲いている」という事態があり、その起こるもとが「バラ」であることを示しているというのだ。

　山口氏は、「が」を「付属語」と呼び、「犬」「吠える」というように、常にそれがなくても文が成立する「自立語」と共にしか使われないことを指摘する。「バラが咲いている」で重要なのは、あくまで「咲いている」という事態である。そこに英語的な意味での「主語」は存在しないのである。

† 「私は神の子」

　I am GOD'S CHILD （私は神の子供）
　この腐敗した世界に堕とされた
　How do I live on such a field ?
　　（こんな場所でどうやって生きろと言うの？）
　こんなもののために生まれたんじゃない

　これは、若者に人気のアーティスト、鬼束ちひろが歌う『月光』の一節である。歌詞カードから訳詞もそのまま引用した。"I am GOD'S CHILD" というフレーズが、何度も何度もリフレインされる。カラオケでも人気の高い曲らしく、高校生の女の子が、情感込めて切々と歌っている。

第2章　ロジックの英語、ハラ芸の日本語　041

私がこの曲を初めて聴いたのは、確かテレビの歌番組だったと思う。"I am GOD'S CHILD"の歌い出しに、ぎょっとしてテレビの画像を振り返ったのをよく覚えている。最初は、「何かのパロディかもしれない」と思った。次いで、真剣に歌っているのだと知って、大げさではなく彼女の身を案じた。

　「神の子供」と、訳詞にある通りである。「本当の自分は、汚れなき神の子だ」──そう歌いたいのだろう。日本人なら、誰でも理解できる。しかし、God's childは、どう考えてもまずい。素晴らしいメロディだけに、なぜスタッフはネイティブのチェックを受けさせなかったのか。

　そもそもキリスト教の（大文字のGで始まる単数形の）「ゴッド」やイスラム教の「アッラー」は、日本人がイメージする「神」とは決定的に違う。それは、人間を超越した天空的な存在、「絶対他者」である。アメリカ人に、「ゴッドはどこにいるか」と尋ねてみるといい。「真上」を指差すはずだ。はるか垂直真上から人間を支配する絶対的存在が、ゴッドなのである。

　人間は、永遠にゴッドにはなれない。そして、その絶対他者を信じると告白する立場こそ、「モノセイズム」(monotheism)である。「一神教」は、モノセイズムの翻訳語として、明治期に生まれた新しい日本語だが、まったく生ぬるい誤訳と言うべきだろう。モノセイズムは、多くの日本人が考えているような単なる「一神崇拝」ではない。人間と絶対他者との決定的な二元論なのである。

　キリスト教でGod's childは、救世主(メシア)であるイエス・キ

リストただ1人だ。もちろん、教会の説教では「人間はみな神の子だ」と言うし、ゴッドが人間に "my precious child"（私の愛しい子）と呼びかけることはある。しかし、それはあくまでメタファーとしての a child of God である。すなわち「被創造物としての人間」なのであって、文字通りの God's child ではない（God's child も a child of God も、日本語にすると、ともに「神の子」で、統語上区別がつかなくなってしまうことも誤解を生みやすい）。

　ちなみに、イスラム教のモノセイズムは、さらに徹底している。『コーラン』によれば、イエスはムハンマドに先行する一預言者にすぎず、決して「アッラーの御子」ではない。アッラーと人間のあいだには、メタフォリカルな親子関係すら存在しない。ムスリムにとって、アッラーは主人(ラッブ)、人間はその奴隷(アブド)である（彼らが、口が裂けても「天にましますわれらが父よ」とは言わない道理である）。

　鬼束の歌は、クリスチャンにとっては、文字通り「私はメシアだ」という宣言となり、ムスリムにとっては、許しがたいアッラーへの冒瀆となるだろう。

†垂直の思想

　書家の石川九揚(きゅうよう)氏は、『二重言語国家・日本』（NHKブックス）の中で、「主語」とは「起源(はじまり)の観念」であり、「垂直・絶対の観念」であると述べている。そして、それは文字と同時に生まれるという。

　『旧約聖書』には「ヤハヴェ（God）」、『コーラン』には「アッラー」が登場する。では、中国文明（儒教文明）は

第2章　ロジックの英語、ハラ芸の日本語　043

どうか。中国最古の文字、甲骨文の冒頭には、「丙子卜」とある。日本人は、何の疑いもなく、「丙子の日に卜へり」と読んできた。

しかし、石川氏は、この「丙子」こそ「天」であり、人間を超越した天空的な主語の観念であると指摘する。中国人は、この句を「丙子（という時間と空間）が卜をつくる」と読むのだという（山口氏によれば、「が」は主格表示の語ではないのだが、ここでは仮に主格の表示とする）。「ヤハヴェ」や「アッラー」と同じ「世界の主語」である。この意味で、「天」という垂直真上の主語の観念をもつ儒教や道教は、本来の意味でモノセイズムと呼んで差し支えないと思う。

モノセイズムの文明に生きる人々は、常に「絶対他者にとってのI」、「Iにとっての絶対他者」の意味を問い続けなければならない。ここから生まれてくるのが、「自我」であり「個我」、「主体」の意識である。Iというアイデンティティなのである。絶対他者と対峙して峻烈な「個」を意識するからこそ、その言語はまず自他を区別するところから出発する。そして、お互いに理解し合えないということが、当然の前提となるのだ。

† I と You はわかり合えない

ロジックの出発点には、「アイデンティティ」がある。IやYouは、相手が誰であっても、変わることはない。相手が親であれ、兄弟であれ、先生であれ、大統領であれ、また友人であれ、召使いであれ、IはI、YouはYouだ。

こうしたアイデンティティの意識は、モノセイズムの土

壌があって初めて生まれてくるものである。日本人にとっては無縁のものと言わなければならない。

　IとYouは、お互いにわかり合えない。そのIとYouが、言葉を尽くして説得し、互いに理解し合おうとする心の習慣が、ロジックである。そして、ロジックは多民族国家アメリカにおいて、一刻一刻、常にアイデンティティを主張し続ける言葉として純粋培養され、研ぎ澄まされてきた。

　同じ英語でも、イギリス英語とアメリカ英語では、その差は驚くほどである。イギリス人でさえ「どうしてここまで」と不思議に思うほど、アメリカ人は微に入り細に入り、丁寧に言葉で説明しようとする。しばしば「訴訟王国」と揶揄されるほど、彼らは言葉に全幅の信頼を置く。それは、「IとYouはわかり合えない」というロジックの前提と言語的な説得（＝議論）が、雑多な移民からなるアメリカにおいては、まさに死活問題だったからである。

　一方、日本語は、「神ながら言挙げせず」と言うように、言葉を連ねて縷々述べ立てること、そしてそれを絶対のように祭り上げることを嫌う。そもそも日本語には、ロジックの出発点となるアイデンティティを示す語がない。

　「「私」や「あなた」があるではないか」とおっしゃるかもしれない。しかし、「私」は「僕」、「俺」、「小生」、「拙者」、そして「あなた」は「君」、「お前」など、相手との関係によってさまざまに変化する。「私」は「公」に対する言葉、つまり公の場での呼称にすぎないし、「あなた」は単に「あの方」、つまり方向を示す言葉でしかないのだ。

† 誰でもよく誰でもない「私」

　私の大学院時代の恩師で、NHK「中級英会話」の講師も務めた小浪充教授は、1950年代にフルブライト奨学生としてアメリカに留学された方だが、教授の数年先輩に元国連難民高等弁務官の緒方貞子さんがおられる。緒方さんは幼少期をアメリカですごした帰国子女で、小浪教授がよく話してくださったこんなエピソードがある。

　ある夏の日の政治学のセミナーでのこと、アメリカ人の教授が大きな扇子をもって教室に現われた。それを見た緒方さんは、ごくさりげなく"Oh, I notice you have a beautiful fan."と言った。これを聞いた小浪教授は、Iから始まる緒方さんのネイティブ感覚に感嘆したという。日本人なら、「きれいな扇子ですね」と言うだろう。よほど英語のできる人でも、とっさに"I notice..."という表現が出てくるとは思わない（かく言う私も）。

　歴代内閣の経済指南番と呼ばれ、国語問題協議会の会長も務めた木内信胤氏は、『國の個性』（プレジデント社）の中で、「あっ、富士が見える」と"Oh, I see Mt. Fuji!"の違いに触れ、あくまでIを意識する英語に比べて、日本語では「見ている自分」は大きく後退し、「状況そのもの」、つまり「自分とあなた方と窓と富士山とによって構成される全体的状況」が意識されていると述べている。

　木内氏は、「富士が見える」の「自他の区別を超越して、自分も相手も、そのなかに点景的に配置されてゐるやうな感じ」を指摘する。つまり、「富士が見える」は、「あなた

でも誰でも、ここに来れば見えますよ」という呼びかけだというのである。

"I notice you have a beautiful fan." と「きれいな扇子ですね」も同じことだ。「きれいな扇子ですね」にIはない。あるとすれば、Every one（みんな）である。Every oneだからこそ、No oneである（誰でもない）。そして、No oneだからこそ、Someoneなのである（誰でもよい）。

そこでイメージされているのは、自分と先生、周囲の学生たち、教室、すべてが１つに溶け込んだ暑い夏の風景全体だ。いわば「主客一体」の世界であり、「私はあなた、あなたは私」の世界なのである。

† 相手に応じて変わる

「融通無碍（ゆうずうむげ）」という言葉がある。融通とは、「あちこちとやりくりする」ことだ。水は「ここはいや、あそこはいや」と言って流れる場所を選り好んだりしない。紙の上でも、土の上でも、どこにでも合わせて流れていく。

まさに水のように融通無碍に、日本人は相手に合わせて自らの呼称を変え、言葉遣いを変える。自分の存在はできる限り後退させ、相手に合わせる。赤ちゃんに対してまで融通して、「赤ちゃん言葉」で話しかける国民は、日本人だけである。

そうした融通無碍な言葉遣いの具体的な道具（統語）が、敬語だろう。もちろん、謙遜表現や謙譲表現など、ロジックには存在しない。和英辞書で「敬語」にあたる英語を調べてみると、honorificsとある。しかし、英語のhonorifics

は単なる「丁寧な言い回し」である。"Open the window." は、"Please open the window." と言えば、より丁寧になる。"Will you open the window?" と言うと、さらに丁寧になり、"Will you please open the window?" はもっと丁寧、"Would you mind if I ask you to open the window?" は最高度に丁寧という具合なのだが、これは相手が誰であろうと同じである。TPOに応じて「尊敬語」になったり、「謙譲語」になったり、「丁寧語」になったりする日本語の敬語とは、似ても似つかない。

先日、NTTの104に電話をして、ある番号を案内してもらった。さっそくその番号をダイアルしたのだが、かけ間違いではないのに、なぜか番号が違っていた。そこで私はふたたび104に電話をかけ、もう一度調べてもらおうとしたところ、責任者とおぼしき女性が出てきて、「お客様は、先方にその番号を申し上げましたか」と質問された。いまになって思えば、「相手に確かめたか」という質問だったのだろうが、私は啞然としてしまって、しばらく言葉が出ず、「いや、もう結構です」と、電話を切ってしまった。

「申し上げる」は、「言う」の謙譲語で、自分がへりくだるときに使う言葉だ。この場合は、尊敬語で「おっしゃいましたか」と言わなければ、接客業務としては、あまりに失礼だろう（この一件のおかげで、auサービスセンターの受付担当の男性に「お客様の電話番号を申し上げてください」と言われても、それほど不意を突かれずにすんだのだけれども）。

英語でsayを丁寧に表現したいなら、pleaseやwould

youといった語句を付け足せばいいだけだ。ところが、日本語では同じ「言う」が、相手によって「申し上げる」になったり、「おっしゃる」になったりする。

NHK教育テレビで、中学生や高校生が集まって、文字通り「おしゃべり」する「真剣10代しゃべり場」という番組があるが、「もっとタメ口を！　敬語は本当に必要か？」がテーマになったことがある。やはりインターネット世代の多くが、敬語は面倒くさく、いっそなくしてしまったほうが楽だと感じているようだ。

† 「なります」の思想

固有の文字をもたなかった日本には、当然「主語の観念」はなかった。もちろん、アイデンティティの意識もない。

大和時代に、日本人は中国の文字である漢字を採用した。『古事記』は、稗田阿礼(ひえだのあれ)が語った歴史を、太安万侶(おおのやすまろ)が漢字をあてはめて書いた日本最古の文書とされるが、もともとあった大和言葉の音に漢字の音をあてはめただけで、中国文明のモノセイズムそのものを取り入れたわけではない。

日本語の「神」も、「カミ」に対する当て字である。いや、もともと中国語においてさえ、「神」は単に「精神」を意味する語で、「世界の主語」ではない。もし意味的にGodに対応する語を中国語に求めるとすれば、それは「神」ではなく「天（丙子）」だろう。

当て字としての漢字の使用は画期的ではあったが、日本独自の思想を表わすのには不便だった。そこで、漢字を崩

した独自の「かな」が編み出された。「かな」は日本独自の文字ではあるが、石川氏が言うような「主語の観念」としての文字ではない。

　天地の起源は、『古事記』にも記されている。その冒頭に記された文は、「天地初発之時於高天原成神名天之御中主神（あめつちはじめてひらけしときに、たかまがはらになりませるかみのなは、あめのみなかぬしのかみ）」である。

　『旧約聖書』の「Godが天と地を創造した」や甲骨文の「丙子がトをつくる（天が物事を決める）」とは、きわめて対照的だ。アメノミナカヌシは、モノセイズムの「ゴッド」や「天」のような絶対的創造主ではない。ただなりすままになりましたカミであり、自然の働きのことなのである。

　『記紀』や祝詞には、他にも「なれる」や「なりませる」という言葉が頻繁に出てくる。私は、この「なります」こそ、日本の「国の個性」のすべてであると考えている。

†むすんでは生まれる八百万の神々

　『古事記』に登場する神は、一般には「八百万の神」とされる。しかし、「なります」思想をもって読めば、実は終始一貫、天地が発けたとき「なりますままになりました」アメノミナカヌシしか登場していない。大八島国（日本）をつくったイザナギ・イザナミは、それぞれ地球に関するアメノミナカヌシの陽と陰の働きの表現である。そして、これら二柱のカミの働きは、イザナミが死ぬことで、アマテラス・ツクヨミ・スサノオの「三貴神」に具体的に

引き継がれる。

「高天原(たかまがはら)」を任されたアマテラスは「お日様」であり、陽気の象徴である。「夜食国(よるのおすくに)」を任されたツクヨミは「お月様」で水気の象徴、そして「海原」を任されたスサノオは「お土地」(大地の表面の八割を海が覆う)であり、金気(ものを凝り固める大地の力)の象徴である。

地球上の万物は、大地から生まれ、日の光と水の恵みに育まれ、ふたたび大地に還っていく。お日様、お月様、お土地こそ、日本人にとってのカミだった。一即三、三即一の自然の働きは、「むすび」を繰り返しながら、無限のカミを生み出していく。それが、「八百万の神」である。「八百万」とは「無限」のことであり、この天地のあいだのすべてのものが、日本人にとってのカミだった。「一即多、多即一」――すべてはカミ(アメノミナカヌシ)だったのである。

この世界に、西洋由来の「宗教」の概念をあてはめることは不可能だろう。そもそも、religionの翻訳語として日本で「宗教」という言葉が生まれたのは明治維新直後のことだし、政治からも経済からも切り離された単独の「宗教」というジャンルが生まれたのは、西洋世界においても「政教分離」が行われた近代以降のことにすぎない。『古事記』は、多神教でもなければ、西洋人に一方的に「宗教以下のもの」と決めつけられるアニミズム(精霊崇拝)でもフェティシズム(物神崇拝)でもない。西洋近代的な宗教学が用意したどのジャンルにも、そのままではあてはまらないものなのだ。

ちなみに、靖国問題ですっかり誤解されてしまったが、神道の「分霊」の思想とは、この天地の万物が、宇宙のいのち、すなわちアメノミナカヌシの分霊（新芽）を内に宿しているという思想である。つまり、自分自身がアメノミナカヌシのいのちの営みの一側面であるということだ。
　「私はカミ」——日本人なら、誰でも感性で理解できる。鬼束ちひろは、この世界をナイーブに英語に直訳してしまったのである。

†いのちの時間

　喫茶店でコーヒーを飲みながら、ふと「コーヒーができる」時間を考えてみた。インスタントコーヒーなら30秒、たてて2、3分、高級喫茶なら10分というところだろうか。エコロジストであれば、中南米やアフリカの小作農たちが種を播き、育て、初収穫を迎えるまでの手間ひまに思いを馳せて、「3年くらい」と答えるかもしれない。
　アメリカにイロコイ族という原住民がいる。ある白人の人類学者がイロコイ族のフィールドワークに出かけたとき、1人の女性がバスケットを編んでいた。彼は、"How long does it take for you to make that basket?"（そのバスケットをつくるのに、どれくらい時間がかかるのですか？）と尋ねた。すると、彼女は、お話にならないと言わんばかりに、「このバスケットは、あの丘にあるスイートグラスでつくるものだ。スイートグラスは、この宇宙のはじまりのときから、あの丘にある。どのくらいの時間かなど、わかるはずがないではないか」と答えたという。

私は、2003年にメキシコに空手指導に出かけた際、ウィチョール族というアステカの原住民の村を訪ねたが、文明の影響を強く受けながらも、彼らが同じようにいのちに対する生々しい感覚を保っているのに驚かされた。おそらく明治以前の日本人は、みなこのいのちの感覚を知っていたのではないか。コーヒーができる時間とは、コーヒーが「なる」時間だった。

✝なりますままのいのち

　明治以前の日本人が「柿がなる」、「稲がなる」と聞いて連想した「なる時間」も、同じだったのではないかと思う。それは、アメノミナカヌシがなりました「始源の時」にさかのぼる途方もない時間である。
　ただなりますままになっている。Iがつくるのでも、垂直真上のGodや「天」が与えるのでもない。それは、お日様、お月様、お土地の恵みが渾然一体となって、またひとつカミ（アメノミナカヌシ）の働きが「なりますままになりました」という意味なのだ。
　「矢が当たる」も、Iが当てるのではない。ただなりますままに当たる。富士山が、ただなりますままに見えている。きれいな扇子が、ただなりますままに見えている。そして、きれいなバラが、ただなりますままに咲いている。
　前述の山口明穂氏が、「犬が吠える」という文は、「「吠える」をもたらしたのは、「犬」であるという話し手の判断」を表しているというわけも、ここからよくわかると思う。話し手の存在とは関係なく、まず「吠える」という事

態があった。「吠える」という事態が、犬によって「なりました」のである。

†日本で変容する仏教思想

　よく日本人の「言挙げせず」のルーツが、仏教であるかのように言われることがある。しかし、それは違う。日本人の「言挙げせず」と仏教の「以心伝心」や「不立文字(ふりゅうもんじ)」は、似てまったく非なるものである。

　「文字」とは「言葉」のことだ。文字を立てず——仏教は、このように「言葉なんてウソ」と言ってしまう宗教である。「文字を立てず」と「言挙げせず」——同じことのようなのだが、不立文字とは、ロゴスにロゴスを重ね、言挙げに言挙げを重ねた上で言葉を超えていく、いわば弁証法である。はじめから言挙げせぬ「なります」とは、根本的に異なっているのである。

　本来のインド仏教は、その言語同様、ユダヤ・キリスト教と同じくらい峻烈な自我の思想をもち、あるいはそれ以上に形而上学的である。ヒンドゥー教や仏教を生んだバラモン思想には、「ブラフマン」という垂直真上の絶対他者が存在する（やはりモノセイズムである）。

　そうであるにもかかわらず、キリスト教よりも仏教が日本人に広く受け入れられたのは、日本に入ってきた時期の古さもさることながら、おそらくインド人が、カースト制という特殊な環境条件の中で、個我の超越を強調し、その修行の目的を輪廻からの解脱に置いたためではないかと思う。つまり、自我（I）を確立した上で、さらにそれを乗

り越えようとしたのである。

　小我を捨ててアートマン（真我）に目覚め、宇宙の絶対的創造主たるブラフマン（大我）に合一することを説く。この「主客合一」思想が、日本人の陽気で楽天的な「なります」思想とうまくかみ合ったのではないだろうか。要するに、日本人は都合よく仏教の不立文字という結論だけを受け入れ、そこに至るプロセスは捨ててしまったのである。

　哲学者の梅原猛氏は、「環境破壊救う本覚思想」（「神戸新聞」2006年2月15日）で、「山川草木悉有仏性」（山や川、草や木も含め、生きとし生けるものすべてに仏性があり、仏になることができる）と説く日本天台の本覚思想について、「よく調べてみたが、インドにはない。衆生を殺してはならないというのが、インドでは最大の戒律。その衆生の中に動物は入っているが、植物はない。中国の天台宗には多少この思想があったが、主流にはならなかった。日本に伝わり、独自の思想として展開」されたと述べている。日本仏教を育んだのも、やはり「なります」の思想だったのである。

†「もったいない」がわからない

　ノーベル平和賞受賞者でケニア環境副大臣のワンガリ・マータイ女史が、2005年の国連女性会議で、「MOTTAINAI」を地球環境を守る合言葉にしようと訴えて以来、「もったいない」は、一種の流行語となった感がある。

　マータイ女史の思想に共鳴する有志の集まり「プラネッ

ト・リンク」が編集した『もったいない』(マガジンハウス)には、「「もったいない」の表側は、物的損失を惜しむ気持ちです。いっぽう、その裏側では、失ったものを手にしたり、完成させたり、そこにたどり着いたりするまでの「形には表れない大切なもの」に馳せる感謝の気持ちと、それを無にしてしまった嘆きとが一体となって、日本人独特の精神世界を形づくっています」と説明されている。

　いま、この説明をリアルな実感をもって理解できる日本人が、果たしてどれくらいいるだろう。明治世代がほとんどいなくなってしまった現在、おそらく大正ないし昭和初期に生まれた日本人だけではないか。かろうじて理解できるとしても、少なくとも昭和30年代までに生まれた世代、あるいは子供の頃から伝統技芸や武道を本格的に修行してきた人だけではないかと思う。

　実は最近、予備校の授業で、非常に困っていることがある。教室が満席になって置き場がなくなると、生徒たちはみな床に荷物を置く。ところが、教科書や、あろうことかお守りのぶらさがったカバンを直接床に置くため、うっかり机間巡視をすると、それらをまたいでしまうことになる。私は、幼い頃から空手の道場で、道衣をはじめものをまたぐことを厳しく戒められてきた人間なので、講義の最中、うかつには教室を回れなくなってしまった。

　先日も、1人の高校生が質問にきて驚いた。お尻のポケットから、学業成就のお守りがのぞいているではないか。当然、椅子に座れば、お守りをお尻で踏みつぶすことになる。私には、感覚的にとてもできないことだ。友人に話す

と、「いつの時代の人だ」と笑われてしまうのだが、この私の感覚は、明治以前の日本人には、むしろあたりまえだっただろう。これが「もったいない」──「畏れ多い」、「ありがたい」、「罰があたる」という感覚である。

私の大学院時代からの友人で、日韓文化論の第一人者である呉善花(オソンファ)さんから、「韓国のキリスト教信者は、引っ越しのたびに、荷物になるからと聖書を捨てる」という話を聞いて、とても面白く思った。おそらく欧米人も同じだろう。仏典や聖書を、まるで神仏そのもののように扱い、それをまたいだり、捨てたりしようものなら「罰があたる」と感じる(正確には、かつて感じていた)のは、日本人だけなのだ。

† ものに宿るいのち

石原慎太郎氏が『老いてこそ人生』(幻冬舎)の中で「鍼灸の自他ともに許した超名人、まさに天才」と絶賛した岡田明祐(めいゆう)先生という名医がおられた。2001年の7月、84歳でお亡くなりになり、葬儀では、石原氏が声を詰まらせながら弔辞を読んだ。

実は、私は先生の最晩年の10年足らずのあいだ、直接治療していただく幸運に恵まれた。肺ガンで亡くなる直前まで臨床の場に立ち続け、病床に伏されてからも、常に気にかけ、お電話をくださった。先生のほうがずっと重症なのに、と恐懼したものだ。私には、優しくしていただいた思い出しかないのだが、お亡くなりになってから、こんな逸話を聞いた。

岡田先生の実技講習会でのこと、1人の若い受講生が、憧れのあまり、先生の鍼箱にほんの少し触ってしまった。すると、温厚な岡田先生が、「無礼者！　お前、鍼というものは鍼灸師にとって何だと思っているのだ！　武士の刀と同じだぞ。それ以上だぞ！」と、烈火の如く怒られたという。

　いま私は中国から帰化した有名な中医師の治療を受けているが、岡田先生のように「鍼はわが命」というような扱いは見たことがない。衛生上の問題から、ディスポーザブル鍼が使われているし、抜いたあとは、放り投げるように鍼を捨てる。

　岡田先生は、必ず手作りの金鍼か銀鍼を使われていた。職人から納品された鍼は、神棚に備えて祀り、使えなくなった鍼は、杉山神社（江戸前期の鍼医で「鍼の神様」とされる杉山検校にちなんだ神社）に集めて感謝祭を執り行ったと聞いている。

† 能動的受け身表現

　呉善花さんは、日本語にやたらと「受け身」表現が多いことを指摘する（『『脱亜超欧』へ向けて』三交社）。「住まわせていただく」とは、一体誰に住まわせてもらっているのか、と呉さんは問う。

　呉さんは、「女房に逃げられた」や「泥棒に入られた」など、迷惑をこうむったときにさえ使われる日本語特有の受け身表現に触れ、その根本には、「自然の作用を受け入れそれに同調していく自分」があると指摘する。それは、

決して「何もしないで口を空けて待ち受ける「タナボタ式」の消極的な受け身志向ではなく、積極的に受け入れようとする受け身志向なのである」と。

明治以前の日本人のものに対する「畏れ多い」や「もったいない」、「させていただく」という感覚は、稲作農耕に照応する「聖なる暦のリズム」、およびそのリズムに基づく年中行事への参加に支えられていた。

それらの年中行事は、氏神（産土神）の祭祀を中心としていた。祭祀の対象となる氏神は、山に住む共同体の祖霊であった。正月になると、山から祖霊を「お正月様」として各家の神床に迎える。農民は、この「山の神」とともに生活するのである。

山の神は、神床から庭に降り、すべてのものを「依代」として、農民の生活を助ける。依代とは、文字通り「依りつく身代わり」であるが、神札だけが依代ではない。鍬や鋤、箸、櫃、あらゆるものに依りついた。農民にとっては、農耕生活にかかわるすべてのものが、カミの依代だったのである。

こうしてすべてのものに依りついた山の神は、春祭りを受けて、苗代田に降り、「田の神」となる。秋になると、案山子に依りついて、農民を助ける。そして、稲が「なる」と、収穫を感謝する秋祭りを受けて、ふたたび山に帰るのである。つまり、日本人にとって農業とは、カミ（依代）とともに、カミのいのちが「なりますままになる」手助けをすることだった。文字通り「させていただく」ことだったのである。

農民が正月に農具を神棚に祀ったのは、それがカミの依代だったからである。明治以前の日本人の9割以上は農民だったから、武士や商人、工匠の生活も、すべてこの農耕生活を雛形とするものだった。商人がそろばんを、工匠が工具を、そして武士が武具を神棚に祀り、ときに直接供え物をして拝んだのも、それらがすべてカミの依代だったからだ。

　武道の修行者が道衣を決してまたいだりしないのは、それにカミが依りつき、カミと一心同体で稽古するためである。岡田先生が鍼を自分の命のように大事にしたのも、それが岡田先生を助けてくれるカミの依代だったからにほかならない。

　私は、呉さんの言う日本人の「能動的受け身」も、「カミとともなる」生活によってこそ、リアルを与えられたものだったと思う。あらゆるものに依りつき、自分を助けようとしてくれるカミとともに、日本人は何事もありがたく、畏れ多く、もったいなくさせていただいたのである。

†「ナンバ」は主客一体

　「もったいない」や「いただく」といった言葉が「なります」思想の命題知（コード）とすれば、最近脚光を浴びている日本古来の「ナンバ」の身体遣いは、その実践知（モード）であった。武智鉄二氏は、『舞踊の芸』（前掲書）の中で、舞踊の用語であるナンバを「右半身が前へ出て、左半身があとへ引かれる姿勢」と説明している。これは、言うまでもなく、農民の鍬入れや田植えのときの基本姿勢

である。身体論的には、「同側順体（どうそくじゅんたい）」と呼ばれる動きで、能や日本舞踊などで見られるのは、これを高度に洗練し、様式化した動きである。

明治以前の日本人は、みなナンバ歩きをしていたと言われるが、決して緊張した幼稚園児の行進のように、同側の手足を同時に出して、ぎこちなく歩いていたというわけではない。ナンバの身体遣いで重要なのは、足で地面を蹴らずに、腰を入れることである。腰をひねらずに軸として保ちながら、骨盤で身体を引っ張る。武智氏は、「腰から下だけが前進するようにし、上体はただ腰の上に乗っかって、いわば運搬されるような形になる」と形容している。要するに、全身がバランスよく緊張していて、長時間腰を落としたままの労働にも耐えられる、もっとも楽な姿勢のことと言えるだろうか。

一方、西洋人はもちろん、もともと騎馬民族であった中国人や韓国人の歩法は、基本的には「逆体」のそれである。両腕の振り子運動を利用して、対角線状に腰をひねりながら、リズムに乗って歩く。

生まれたばかりの赤ん坊は、右手と右足、左手と左足を同時に動かしている。このように、もともと人間はナンバの動物なのだが、騎馬民族が非ナンバの身体遣いを身につけたのは、非ナンバ的な体勢をもつ馬のリズムが３拍子だったからで、その運動に合わせたためと、武智氏は説明している。地面を蹴る反動、あるいは遠心力や慣性を利用する西洋のスポーツや韓国の伝統舞踊の身体性は、ここから来るものである。

私は、こうした身体性は、「主客」を分離し、人体や自然を１つの機械と見なして、そこからどれだけ効率的に力を生み出すかという発想に立つもので、やはりモノセイズムの「主語」の観念と無関係ではないと思う。

　これに対して、「同側順体」のナンバの身体操作は、いかに自然と一体化して、重力に逆らうことなく最大限の力を借りることができるかという「主客一体」の発想に立つ。ここでは詳述しないが、私は、これを「なりますの身体」、あるいは「いただく身体」と呼んで、空手師範としての私のテーマに掲げている。「地面の力」を借りて、「なります」力でさせていただく。文字通り、日本人は立たせていただき、歩かせていただいていた。

　だからこそ、スピードは遅くても、飛脚は１日に200キロから300キロもの道のりを移動することができたのだ。逆体のマラソン走法では、とてもそうはいかないだろう。

　素朴な農民たちが、観念論的に「なります」の思想を知っていたわけではない。彼らは、いわば実践知として、身体でさせていただいていたのである。

† 失われる身体技法

　武智氏は、日本人がいまのように手足を交互に振って歩くようになったのは、明治維新後に西洋式の軍隊教練が導入されたことが原因だとしている。しかし、文化とは、歴史、風土、人種的特性、そしてそれらに適した衣食住のスタイルや精神性、身体性のすべてを含めた巨大な総合である。やはり、明治維新の文明開化で、服装や履物が西洋流

に変化したことが、日本人の身体性が変化した最大の理由だろう。

　下駄や草履、着物は、本来ナンバの身体遣いに適したものである。下駄や草履では、履物を足の先で突っかけるようにして歩くことになる。だから、腰を落として、すり足で進む。下駄や草履の鼻緒は、ナンバ歩きだからこそ、しっかり締まるわけである。

　ところが、靴を履いていると、どうしても踵から足が出てしまう。拇指球（親指のつけ根）に交互に重心をかけ、手足を交互に振って歩いたほうが合理的である。最近では、正月でもめったに着物を着ることはないが、成人式などでよく着崩れを起こしたり、草履がずれて転んでしまったりするのは、ナンバ歩きではないからだ。

　ナンバの喪失は、もちろん明治維新期に始まっているのだが、人口の大半は、それ以前のナンバの身体性を身につけていた。したがって、身体面での影響は、およそ一世代を経て、昭和の初頭から少しずつ表れてきたと考えられる。私が幼かった昭和40年代には、まだごく普通に和服姿で買い物にいく女性の姿があった。

　昭和50年代になっても、農耕儀礼がかろうじて生きているあいだは、ナンバの身体遣いを身につける機会もあったのだと思う。つい最近まで、少し田舎に行けば、子供会、青年団（若者組）、消防団、婦人会など、強固な組織があり、産土神社の祭りを中心に、四季折々の行事があった。獅子舞や屋台担ぎ、棟上げ、墓穴掘りなど、さまざまな通過儀礼への参加を通じて、「ハラの据わった立ち方」や

「腰の入った土の掘り方」、「腰の入った屋台の担ぎ方」を身につけたのである。

国語教育に身体知を

アジア諸国の近代化（西洋化）は、日本だけではなく、中国や韓国においても大きな問題である。しかし、身体論的に見た場合、もともと西洋と同じ非ナンバの身体遣いをもっていた中国や韓国と比べて、日本が西洋化から受けた打撃は、抜き差しならず大きいものだったと言える。

言葉と心が不可分であるように、言葉（コード）と身体（モード）も不可分の関係にある。マータイ女史のMOTTAINAI運動の意義は大いに認めるものの、身体によるリアルな裏打ちを欠く言葉は、しょせんは観念論的なイデオロギーになってしまうだけだろう。

「国語力向上モデル事業」の大きな柱が「論理思考」の養成にあることは間違いないとしても、それと並行して、教育学者の齋藤孝氏が提唱する「齋藤メソッド」やNHK教育テレビが狂言師・野村萬斎氏を起用して制作した「にほんごであそぼ」といった試みのように、美しい現代文（明治から昭和までの手書きされた日本語）を「体読」する教育にも力を注ぐべきだと思う。能や狂言、歌舞伎、あるいは古伝空手など、ナンバの身体遣いをかろうじて伝えている身体技法の教育を合わせて導入することも必要だろう。一方においては西洋由来の「論理」、そして他方においては美しい日本語を支える「身体」――それらを両立させる国語教育が、切実に求められていると思う。

パソコンを使うことをやめようというのではない。それを補う方法を考えなければならないということだ。活字になった美しい現代文を、声に出して読んでみる。あるいは、数日かけて全文を原稿用紙に手書きしてみる。そこで著者がたどった強靭な日本語的思考のプロセスを、リアルに追体験してみるのである。「もったいない」や「いただく」のリアルを支えた日常が失われてしまったいま、そのような身体知教育が、国語の授業では是が非でも必要だと思う。

第 3 章
現代国語はどうして生まれたのか

† **明治の日本語革命**

　明治維新期の西洋文明との接触によって、日本に初めて西洋の学問がもたらされた。明治の知識人たちは、懸命に英語を学び、西洋の学問を翻訳しようとする。このときに生まれたのが、「現代文」という新しいスタイルである。

　すでに中国文化とともに漢字を取り入れてはいたものの、もともとあった大和言葉の「音」に漢字を当てただけで、日本語そのものが変わったわけではない。

　ところが、このときは違った。西洋文明と遭遇し、明治の知識人は、途方に暮れてしまう。自然や他者を対象化する心の習慣をもたない日本語には、抽象概念を表す言葉がない。そこで、彼らは驚くような離れ業をやってのけた。日本語そのものを変えてしまったのである。

　彼らは、ヨーロッパ言語特有の抽象概念のほとんどに、漢文の中の漢語を当てはめた。われわれがふだんあたりまえのように使っている「政治」や「経済」、「宗教」、「抽象」、「概念」、「観念」、あるいは「主語」といった言葉さえ、明治時代に急ごしらえで用意された新しい日本語である。そして、それでも間に合わない場合は、カタカナで表記した。

　こうして、「漢字による造語」と「カタカナによる表記」で新たな語彙を用意し、いわば「英語の翻訳」としてでき上がった新しい日本語が現代文である。江戸時代から明治時代というほんのごく短期間に、ここまで劇的に変化した言語は、世界でもまったく類を見ないだろう。

†「現代文」の恩恵

　現代文は、「和魂洋才」のスローガンの賜物だったと言える。明治の知識人たちが苦心の末生み出した現代文は、その後の日本の近代化の原動力となった。他の非西洋諸国では、英語を通してダイレクトに学問するしかない。中国など、アジアの国々を見ても、ごく一部のエリートは英語をほぼ完璧に扱うものの、国民の大多数は「学問」に接することができない。そのため、知識人階級に限定された非常に脆弱な近代化しか果たせないという憾(うら)みがある（儒教文明やヒンドゥー文明は、イスラム文明同様、本来モノセイズムに立つ「主語の文明」であり、功利主義文明との親和性は、日本文明よりはるかに高いのだが）。

　これに対して日本では、現代文のおかげで、英語が読めない一般人でも、翻訳によって西洋の学問に触れることができるようになり、世界に類を見ない大衆レベルでの高度な近代化に成功したのである。

　とくにインターネットが普及し、それを使いこなせるかどうかが貧富をわける「デジタルデバイド」となってからは、ダイレクトな英語の採用傾向には、世界中でますます拍車がかかっており、ホームページの80パーセントは英語で書かれている。

　この点でも、日本語は「かな」でアルファベット入力に対応しており、英語の公用語化、ひいては植民地化を奇跡的に免れている。身体的には西洋化からもっとも痛烈な打撃を蒙った日本だが、言語的には明治の先人たちの「和魂

洋才」の賜物である現代文によって、かろうじて「国の個性」を保ったのである（英語公用語論や早期英語教育論は、こうした先人たちの苦労を知らないたわごとである）。

† **評論用語がわからない**

いわゆる「評論用語」とは、「漢字」と「カタカナ」による造語を指すが、大学受験生の多くが英語や現代文を読めないのは、こうした評論用語のイメージを受け取ることができないためであることが多い。

以前、私は英語と現代文を橋渡しするために、現代文の講師とコラボレートして、日英対照の評論用語集を編集したことがある。「評論特有の抽象語」、「論理的思考に用いる語」、「現代を象徴するキーワード」、「論文に必要なカタカナ語」、「現代を象徴するカタカナ語」など、全部で約100の語を取り上げ、英語の例文はすべて私が執筆した。

そこで私がつくった例文に、次のようなものがある。

To reduce religion to social functioning would lead to the abstraction of the existential mode of one's faith.

訳は、こうである。

宗教を社会的機能に還元すると、信仰的実存が捨象される。

この文章のイメージを即座に受け取ることができる受験

生は、それほど多くないはずだ。日本語の訳文（＝現代文）が理解できないのなら、英語の意味もわからないのは当然のことだろう。結局、英語ができないのではなく、評論用語がわかっていないのである。

しかし、それは必ずしも生徒の理解力の問題だけではない。英語から見ると、現代文が用意した評論用語そのものに、致命的な問題がある。

†考える方向性に沿う用語──帰納と演繹

先ほどの例文は、abstractionという語を敷衍(ふえん)したものだが、この語は、現代文では「抽象」とも「捨象」とも訳される。それは、もともと「抽象」と「捨象」が、表裏一体の関係にあるからである。本来、１つの言葉であるabstractionを、どうしても２語に分けて用意せざるを得なかったところに、論理への対応における日本語の限界があったと言えるだろう。

abstractionは、ロジックの出発点とも言える最重要語である。ここから「演繹(えんえき)」、「帰納」、「一般」、「具体」、「対象」、「客体」、「体系」など、すべての評論用語が生まれていると言っても過言ではない。そもそもの出発点においてつまずいているのだから、受験生が評論用語を難しいと感じ、敬遠するのも当然である。

西洋由来の学問の根本には、研究しようとするものから距離を取り、醒めた目でじっと見つめて、誰がいつ見ても常に真実であるものを知ろうとする態度がある。こうした態度を、評論用語では「対象化」や「客体化」、あるいは

「相対化」と呼ぶ。

　たとえば、A（男性）、B（男性）、C（女性）の3人の受験生がいるとしよう。個々バラバラに見える3人だが、彼らには「受験生」という「共通要素」がある。その共通要素を抜き出せば、「受験生とは大変だ、自由もなく気の毒だ」という一般的法則を導くことができる。つまり、複数の研究対象を比較して、それらに共通する象（部分）を抜き出す（＝抽出する）ことが、「抽象」である。

　バラバラに見える事象から共通点を取り出して、法則化し、普遍化し、体系化していく。こうした「具体→一般」ないし「特殊→普遍」の頭の使い方を、「帰納法」と呼ぶ。

　たとえば、毎日電車で通学する高校生は、誰でも何らかの法則をもっているはずだ。「この時間帯は混むので避けたほうがいい」、「この車両に乗るとすいている」、「〇〇電鉄は乗り心地が悪い」など、これらは毎日の個々バラバラな経験を抽象することで得られた法則であり、立派な帰納法である。抽象、普遍、一般、体系、法則、帰納……これらはほとんど同義の言葉である。

　一方、このようにして得られた法則は、絶対正しいとは言えない。さらに検証を重ね、もし間違っていれば修正し、さらにより普遍妥当な法則へと高めなければならない。帰納法とは逆に、ある法則を個々の事象（具体・特殊）にあてはめるのが「演繹法」である。科学の実験や数学の計算は、演繹を使って行なうものだ。「一般→具体」ないし「普遍→特殊」の頭の使い方である。

　もちろん、帰納や演繹などといった言葉を知らなくても、

われわれ人間は、無意識のうちにさまざまな仮説を立て、日々それらを検証・修正しながら行動している。西洋の学問は、そうしたあたりまえの頭の使い方を筋道立てて論じ、科学方法論として体系化したのである。

† 行為の両面を表す用語──抽象と捨象

さて、3人の受験生から、「受験生とは大変だ、自由もなく気の毒だ」という一般的法則を抽象する。そこまではいいのだが、この法則を抽象した途端に、3人の「受験生ではない」他の要素が切り捨てられてしまう。

音楽の好みが違うだろう。得意科目も違うはずだ。出身地も、出身校も、偏差値も違う。3人のうち、Cだけが女子生徒だが、その性差も無視されてしまう。あるいは、3人のうち1人は現役で、2人は浪人かもしれない。それらの共通しない象を無視する（＝切り捨てる）ことを、「捨象」と言う。

つまり、「抽象」するためには「捨象」しなければならない。「捨象」しなければ「抽象」することはできない。「抽象」と「捨象」とは、表裏一体の行為なのだ。英語ネイティブが abstraction（動詞は abstract）と言うとき、これら2つの意味を同時にイメージしている。

† 連関する評論用語

ちなみに、「学問分野」のことを discipline と言う。「しつけ」とか「訓練」という意味だが、それぞれのディシプリンは、人間や自然のどの mode（様態）を abstract する

かによって、その立脚点を異にするものだ。

1人の人間には、いろいろな側面、すなわち「様態」がある。およそ人間だけに備わった特殊な様態を扱うのが「人文・社会科学」、他の動物や自然にも共通する様態を扱うのが「自然科学」と言っていいだろう。

人間には、言葉を使う「言語的様態」がある。貨幣を使って買い物をする「経済的様態」がある。家庭や学校、市町村、都道府県、国など、共同体（＝社会）の中で生きるという「社会的様態」がある。

あるいは、人間だけが「死」を知っている。イヌやネコは、本能的に死を恐れるが、人間のように日常的に意識しているわけではない。生が有限であることを知っているからこそ、よりよく生きようとする。がんばって生きる。これは、人間の「宗教的様態」である。

1人の人間を、「言語的人間」として abstract するのが言語学である。「経済的人間」として abstract するのが経済学、「社会的人間」が社会学、「宗教的人間」が宗教学だ。そのように見る目を訓練されるから、ディシプリンなのである。

複数の宗教団体を見て、宗教学者はそれらを「宗教的存在」と見ようとする。そこで生きられている信仰的な実存や内発的な意義を理解しようとする。ところが、社会学者は、「社会的存在」と見る。「社会という巨大なシステムの中で、どんな役割（＝機能）を果たしているか、果たすべきか」という問いに還元して考える。そうした抽象のための立脚点の違いが、学問分野の違いなのである。

もう一度、私のつくった例文を掲げてみよう。

宗教を社会的機能に還元すると、信仰的実存が捨象される。

今度は、ストレートにイメージを摑むことができるはずだ。学問の出発点であり、おびただしい評論用語を生み出すもととなる abstraction ですらこうなのだから、高校生が論理思考を苦手とするのも当然かもしれない。さらに言うなら、abstraction の意味がわからないということは、さまざまなディシプリンの存在意義がわからないということでもある。

英語ではただの日常語

先の評論用語集の英文を執筆するにあたって、私が一番頭を抱えたのに、現代文の講師が用意した評論用語のいくつかが、英語では同じ語になってしまうことだった。「抽象」と「捨象」はともに abstraction だし、「客体」と「対象」も同じ object だ。

しかも、現代文では仰々しい評論用語の多くが、英語ではごくあたりまえの一般語だ。「観念」と「想念」も、英語では同じである上に、idea（アイディア）という陳腐な単語になってしまう。「形象」は、単に image（イメージ）である。

現代文側が用意した単語集の項立てが成立せず、しかも「もう少し評論用語らしい英単語はないのか」と言われて、

大変苦労したことを覚えている。

　英語ネイティブは、わざわざ「一般化する」とか「体系化する」、あるいは「演繹的に」、「帰納的に」などといった言葉を使わない。本来「論理的」とは「英語的」を意味するのだから、英語に「評論用語」などという「非日常語」は存在しない。英語ネイティブにとっては、ごくあたりまえの「日常語」なのである。

　作業を進めながら、私は改めて、これら評論用語を用意した明治の知識人たちの苦労が偲ばれ、頭が下がる思いだった。

日本語と論理のややこしい関係

　逆説的な言い方になるが、日本語に「評論用語」や「論文」という言葉が存在することが、何より日本人の「日常」にロジックが根づいていない証拠である。

　しかし、同時にそれは、「論理」を日本語の一部に閉じ込め、本来の心の習慣である「察し」や「ハラ芸」を残そうとした先人たちの必死の努力の跡でもある。現代文は、「和魂洋才」のスローガンが示す通り、彼らの意図的な和洋折衷だった。決して野放図なロジカル化を許してはいないのだ。

　英語の「読み・書き・聞き・話す」では、一貫してIとYouを用いる。すべてのコミュニケーションは、ロジックで貫かれている。ところが、日本語の場合、「論文」や「議論」は、あくまでフォーマルなコミュニケーション状況の1つにすぎず、ここでも自分や相手の呼称は、自他の

区別を超えた点景的関係の中で決めなければならない。

　つまり、「論文」や「議論」が非日常として存在することが、日本人が議論を苦手とする理由なのだ。仮に「議論」で日常的関係を離れたとしても、すぐにまた点景的関係の日常に戻らなければならないわけで、そうとすれば、ふだんは「敬語」を使っている社長や部長に対して、「議論」のときだけは気兼ねなく論陣を張るなど、できなくてあたりまえだろう。そもそもアイデンティティのない「敬語」を使って、アイデンティティを主張する「議論」をするなど、考えてみれば大変な矛盾である。

　私も、日本人の教授を相手に、英語では関係性を気にすることなくYouと呼び、Iを主張できても、日本語に戻ると、ただちに師弟関係の「敬語」に戻って、「先ほどは、生意気なことを申し上げ、すみませんでした」と謝らなければならなかったことが、何度もある。

†時系列が明瞭な英語、状況依存の日本語

　私は、「論理力養成」を看板に掲げる予備校の英語科主任として、長年にわたり、そのプロジェクトに関わった。現代文や数学、英語など、すべての科目を「論理」という観点からつなげて、有機的に学ばせようというのが、その趣旨だった。

　当初、私はこの計画に大きな期待を寄せ、英語の側からさまざまな知見を提供したのだが、文科省と同じく「現代文」を土台に据えようとする方向に、どうしてもついていくことができなくなった。現代文で学ぶことと、英語で学

ぶことを、相互にフィードバックすることができない。生徒たちが、明らかに混乱しはじめたのである。

現代文は、決して「ロジックの科目」ではない。それは、ここまで読み進めてきてくださったみなさんなら、即座に了解してくださるだろう。現代文で論理のトレーニングを行なうことには、さまざまな無理がある。

その論理プロジェクトの中に、私が仰天して、ただちに見直しを求めた問題があった。それは、幼児が語る時系列（時の前後関係）のめちゃくちゃな話を、「筋道が通るように並べ替えなさい」というものだった。たとえば、次の２つの文の時系列を、日本語でどうやって判断したらいいのか。

A. 昨日、お父さんと一緒にラーメン食べたんだ。
B. ラーメン、すごくおいしかったよ。

極端なことを言えば、別にどう並べてもおかしくない。あえて理屈をつけて、「まず食べたという事実を述べ、次に感想を述べたほうがわかりやすいから、A–Bの順番のほうがいい」くらいではないだろうか。

しかし、英語では、そのような感覚的な時系列の判断は、統語上あり得ない。必ず、次のいずれかで、時の前後関係は明示されているはずだ。

✢― 1
　A．昨日、お父さんと a ラーメンを食べたの。
　B．The ラーメン、すごくおいしかったよ。

✢― 2
　A．昨日、お父さんと the ラーメンを食べたの。
　B．A ラーメン、すごくおいしかったよ。

　英語では、a か the かは非常に大きな問題で、一概に論じることはできないのだが、たとえば冠詞は「時系列」を示す明確な合図である。a book であれば「初めて言及する本」、the book であれば「もうすでに言及した本」であることが、ただちにわかるようになっている。
　1ならばA-B、2ならばB-Aである。「冠詞」に注目するだけで、文の意味を考えるまでもなく、時系列を判断することができるのである。

† 消えた論理指標

　大学入試の英語や現代文では、しばしば「下線部の具体的内容を説明せよ」という問題が出ることがある。
　たとえば、次の問題を解いてみてほしい。問題文は、本間長世氏（アメリカ学会元会長）の『思想としてのアメリカ』（中央公論社）から引用したものである。

> 問題

次の文章を読み、下線部の具体的な内容を15字以内の日本語で説明しなさい。

アメリカを理解するということは、外国人にとって、興味をそそられるがなかなかの難事業である。今日、様々な理由によって、アメリカを理解することはますます難しくなってきている。しかし、アメリカとは何かという命題を探求することは、よりよい国際関係の構築のための焦眉の課題であると同時に、学問の世界においても刺激的な知的作業である。

エドウィン・ライシャワーは、彼の時代の日本を大変深くそして広く理解していた人であるが、自分はすでにアメリカについては十分理解していると頭から思い込んでいる日本人のことを憂慮していた。『日本への自叙伝』でライシャワーは、アメリカを理解するということがいかに難しいことかを考えもせず、多くの日本人がアメリカを理解しているときめてかかっていると指摘した。日本のことを説明するほうがよほどたやすいことで、自分はアメリカの専門家でなく日本の専門家であるので幸運だとライシャワーは語っている。

アメリカの歴史と文化の研究者である私は、ライシャワーの考えに励まされるとともに、憂鬱にもなる。ライシャワーの向こうを張ることなど到底できはしないのだから、無理をすることはないと自らを慰める一方で、自

分自身の能力にあまるとてつもない重荷を背負い込んでしまったという絶望的な思いを、持ち続けてもいかなければならないからである。

　この問題を現役大学生に解かせたところ、「アメリカを理解すること」という答えが返ってきた。この日本文をもとにする限り、そう漠然と答えるしかないだろう。
　実は、上に引用した文章は、1994年に本間氏がアメリカで行なった英語講演の日本語版で、国際文化会館の田南立也氏が訳出したものである。手元にある原文（IHJ Bulletin vol. 14, No. 2）を見てみると、下線部を含むパラグラフは、次のようになっている。

As a student of American history and culture, I feel both encouraged and troubled by these thoughts. I don't have to aspire to be a counterpart of Reischauer simply because I never could be. That is my consolation. On the other hand, I have to carry with me the knowledge that I have taken up a burden too heavy for my poor abilities.

burden の a から、それが「いま初めて述べられた新情報」であること、そして「これから詳しく言及されていく内容」であることが、即座に了解できる。つまり、先ほど

の大学生の解答は、英文をもとに採点するなら×である（そもそも解答できない）。下線部の内容は、まだ具体的には述べられていないからである。

逆に the burden too heavy for my poor abilities なら、「すでに述べられた旧情報」であり、正解となる。

現代文の下線部説明問題では、残念ながら一通り本文を読み切って、その上で前後関係を判断せざるを得ない。それでも、はっきりしないことも多い。よく「現代文の問題の答えは、筆者にしか（筆者にも）わからない」と揶揄されることがあるが、それはこのようなところに由来するのだと思う。

ここに引用した文章のように、英語の翻訳であれば、参照できる原文もあるが、もともと日本語で書かれた評論を素材にすれば、どうしても出題者の恣意的な解釈に基づく悪問も多くならざるを得ないだろう。

最後にもう１点、先の原文と訳文を比べてみると、次のような違いもある。

As a student of American history and culture, I feel both encouraged and troubled by these thoughts.
アメリカの歴史と文化の研究者である私は、ライシャワーの考えに励まされるとともに、憂鬱にもなる。

these thoughts は、直訳なら「これらの考え」となると

ころ、「ライシャワーの考え」と意訳されている。英語の場合、thisやtheseなど、指示語は原則として「直前」の旧情報を指す。ところが、日本語の「それら」に置き換えた途端に、その指示関係が曖昧になってしまう。

英語を日本語に置き換えた瞬間に、冠詞をはじめとするロジックの指標はほとんど脱落し、あるいは曖昧になってしまうため、私などは、もどかしくて翻訳は読めない。原文を読んだほうが、はるかにずっと読みやすい。そして、それはそのまま現代文が抱える論理機能上の問題である。

大学受験では、「現代文はフィーリングではなく、論理で解くのだ」と、叩き込まれる。しかし、それは違う。現代文の問題は、論理機能上（＝統語上）、解くことはできないのだ。

↑ 冠詞や指示語の情報量

深夜のテレビドラマを何気なく観ていたら、主人公の女の子が、彼女を想う少年からバースデーケーキを贈られ、涙ぐむシーンがあった。箱からケーキを取り出してみると、そこにはデコレーションで from hero と書かれている。日本語の「ヒーローより」を訳したものなのだろうが、自分の生徒の作文を見ているようで、思わず笑ってしまった。

a hero なのか、the hero なのか、それとも your hero なのか、いずれにせよ冠詞や指示語がなければならない。しかし、from hero という英語を見て、a が入るのか the が入るのかと気になる日本人はほとんどいないだろう。

私の空手仲間に、数十年前にイタリアに渡って家具デザ

イナーとして成功している人物がいる。先日、フランスのコルシカ島で開かれたヨーロッパ合宿に参加した際、彼の息子が車でコルシカ島を案内してくれた。そこで、「お父さんのイタリア語には冠詞がない」と言うのを聞いて、妙に納得してしまった。息子のほうは、完全なイタリア語のネイティブスピーカーである。

　ここまで書いてきた私の日本語も、そのような目で改めて読み直してみると、指示語や冠詞がほとんど使われていないことがわかる。たとえば、「お父さんのイタリア語には冠詞がない」。ここで「お父さん」は a　father なのか、the father なのか、それとも his father なのか、my father なのか。「冠詞」もそうだ。a noun なのか、the noun なのか。それとも nouns なのか。

　「代名詞」も、前後の指示関係を明確にする上で不可欠なものだが、I なのか we なのか、you なのか、それとも he なのか she なのか it なのか they なのかは、「性」と「数」で決まる。さらに、そこに「格」の区別が加わってくる。ところが、日本語にはそのような区別が一切ない。やはり現代文には、「論理的説得」のための道具がないのである。

† 冠詞、指示語の威力

　ここで１つ、大学入試センター試験の英語の問題を、日本語の訳文で解いてみよう。2003年度の第３問Bの［問１］を取り上げてみる（訳文は、駿台予備学校編の『大学入試センター試験過去問題集』（駿台文庫）より引用）。

問題

次の問いにおいて、文章の [　　] に入れる三つの文が、順不同で下の A-C に示されている。論理的な文章にするのに最も適当な配列のものを、下の①〜⑥のうちから一つ選べ。

　北半球の温暖な気候の下で暮らす人たちは、非常に暑くて湿気の多い天気が続くのを時に経験することがある。[　　] このように名付けられた別の理由は、犬はこの時期、何らかの神秘的な力のせいで凶暴になると信じられていたことにあるのかもしれない。

　A　古代ローマ人は、この時期に太陽とともに昇り、the Dog Star (天狼星) と呼ばれるシリウスが、その熱を太陽の持つ熱に付け足し、暑い天気を引き起こすと信じていた。
　B　この表現は古代ローマ人が使っていた言語であるラテン語に由来する。
　C　7月、8月、それに9月の初めに現れるこの時期は、英語では「dog days」（土用）と呼ばれている。

① A-B-C　　② C-A-B　　③ B-C-A
④ C-B-A　　⑤ A-C-B　　⑥ B-A-C

「この表現」とあるBが、「湿気の多い天気が続くのを時に経験することがある」に続くはずがないので、Bを先頭に置く③と⑥はあり得ないとしても、あとは①、②、④、⑤のどれでもおかしくない。訳文の問題ではない。これが現代文の限界なのである。
　では、原文はどうか。

People in mild climates in the northern hemisphere sometimes experience periods of very hot and humid weather. [　　] Another reason for the name may be their belief that dogs became mad because of some mysterious powers at that time.

　A．They believed that Sirius, the Dog Star, which rises with the sun during this time, added its heat to the sun's and caused the hot weather.
　B．This expression comes from Latin, the language used by the ancient Romans.
　C．These periods, which occur in July, August, and early September, are called "dog days" in English.

英語になると、冠詞と指示語に注目するだけで、本文を

読むまでもなく解答できる。まず、CのThese periodsである。英語の冠詞や指示語は、原則として「直前の語」を受ける。決して日本語のように曖昧模糊とは使われない。これが第1文のperiods（これにはthe がついていない）を指していることは明らかだ。したがって、Cが先頭にくることが決まった。これで、すでに②か④かにまで絞ることができた。

次に、AのTheyに注目してみよう。They believed（彼らは信じた）とある以上、Theyは人間なのだが、Cに「人間」は見当たらない。やはりBのthe ancient Romansを受けていると見るべきだろう。以上の作業だけで、C-B-Aの④が正解だと、たちどころに判断できるのである。

† 英語にならない

次の日本語を見てほしい。JTの中吊り広告にあったものである。

体はよけた。
それでも煙はぶつかった。

日本人なら、喫煙マナーを呼びかけるメッセージだと、ただちに了解するだろう。しかし、アメリカ人には、まるでチンプンカンプンである。第一、これを英語に訳すことはできない。

何より、「主体」と「客体」が曖昧である。「誰の」体が「何を」よけたのか、そして「何の」煙が「何に」ぶつか

ったのか、それを明らかにしなければ、英語にはならないのだ。

英語における基本中の基本は、言うまでもなく「5文型」である。「文型」とは、文字通り「文のパターン」のことだが、この基本パターンを決めるのが動詞だ。動詞には自動詞と他動詞があるが、いずれにせよ主語と目的語を明確にしなければならない。要するに、「主語」＝「主体」と「目的語」＝「客体」をはっきりさせるところから、英語ははじまるのである。

このコピーの下に掲げられた英文は、なんと、次のようなものだった。

I moved to avoid him.
But my smoke didn't.

果たして、これが正確な英訳と言えるだろうか。日本語に訳し直せば、「私は彼を避けようと体を動かした。しかし、私の煙はその場に残った」くらいになるが、恣意的に主体 (I) と客体 (him)、そして指示語 (my) が補われている。原文（日本語）の主客関係や指示関係の曖昧さと、そこからくる何とも言えない「味わい」は、ここでは完全に消え去ってしまっている。「一体、何のことだかさっぱりわからない！」と、企画会議でネイティブが激しく詰め寄る様子が、目に浮かぶようだ。

† 過去形だけど現在形

　JTのコピーには、ハラ芸の日本語とロジックの英語の対比が鮮明に出ていて、他にもとても面白いものがある。

　たばこを持つ手は、子供の顔の高さだった。

　これをどう英語に訳せばいいだろう。「どのように英訳するか」は、「学校文法（＝現代文）でこの文をどう捉えるか」と同じである。語尾が「だった」なのだから、小学生でも中学生でも、迷わず「過去形」と答えるはずだ。
　ところが、このコピーの隣には、次のような英語が並んでいた。

　A lit cigarette is carried at the height of a child's face.

　そう、ここで「子供の顔の高さだった」は、「現在形」なのだ。第２章で、英文法のルールを適用して、学校文法が無理やり「が」を「主格表示」の語にしてしまったことに対する山口明穂氏の批判を紹介したが、「時制」の分類も同じである。言語学者の金谷武洋氏は、『英語にも主語はなかった』（講談社選書メチエ）の中で、「「た」は、過去を表すのではない。話者が、ある事柄が成立した、と主観的に判断した時に「た」を使う」と述べている。
　もちろん、たとえば「あの人は立派な人だった」などと、「た」で単なる過去の事実に言及することもあるだろう。

しかし、ハラ芸の日本語では、それではすまない。ここに込められた話者の「ハラ」＝「イイタイコト」を察しなければならない。「それに比べて、いまの社長はダメだ」なのか、「惜しい人を失った」のか、いずれにしても「イイタイコト」を決して単なる過去形に還元することはできない。日本語の「が」が「主格表示」ではないように、「た」は「過去形」ではない。その先に察すべきホンネがあるのである。

「タバコの高さは子供の顔の高さだった」は、「タバコを持つ手を不注意に振り下ろすと、側にいる子供の顔にあたるかもしれません。気をつけてください」という呼びかけである。これを「過去形」と説明し、"A cigarette was carried at the height of a child's face." と英訳して正解とする現代文や英語のあり方は、やはりあまりにも一方的に英語の論理を日本語に押しつけ、日本語の個性を踏みにじる日本語理解と言うべきだろう。

†「イイタイコト」は現在形

ちなみに、英語では「イイタイコト」は、必ず「現在形」で述べられる。時制が、「イイタイコト」かどうかの「合図」になっていると言ってもよい。したがって、"He was a good president." などという過去形の発言は、たとえ論証責任（その定義は第4章で述べる）が含まれていても「イイタイコト」にはならない。

ロジックにおいて、過去形は「イイタイコト」を述べるための「足踏み」にすぎない。過去形での発言は、ディベ

ートでは "So what?"(だから何?)と一蹴されてしまうことになる。だから何なのか。いまはどう思っているのか。それをはっきり「言挙げ」しなければならないということだ。

　私は、先述の論理プロジェクトで、英語の側から何とか現代文の論理機能面での統語の整理をしようと試みた。しかし、道具がなさすぎる。冠詞も指示語も、時制もない日本語では、まったく新しい統語を用意しない限り、英語のように機能的に運用することは不可能だ。

† 和魂洋才が生み出したオニっ子

　西洋文明への「和魂洋才」の対応の結果が、現代文である。もし明治の知識人たちが、I や You にあたる新しい主語を用意し、敬語という点景的言葉遣いを排していたら、そしてもし明治政府がつくり上げた「国家神道」によってアイデンティティの意識が確立されていたら、あるいは論理運用に適したより完全な現代文が生まれていたかもしれない。

　しかし、先人たちはあえてそれをしなかった。精一杯の抵抗の中で、必死になって日本語の個性を守ろうとし、西洋化とのギリギリの調整を図ろうとした。

　日本語が変わらなかったからこそ、明治政府の国家神道がモノセイズムにならなかったとも言える。国家神道は、明治政府がキリスト教を模して天皇をゴッドに祭り上げようとしたものだが、モノセイズムどころか、グロテスクな民族主義に貢献しただけだった。I や You をもたない言

語話者にゴッドを崇拝させたらどうなるか。国家神道は、カミでもなくゴッドでもない和洋折衷を生み、日本文化をさらに混乱させただけだった。

明治政府がつくり上げたこの巨大な超宗教は、第2次世界大戦後占領軍による改革によって、一夜にして廃止される。ところが、次に施行された「神道指令」をはじめとする占領軍の宗教政策は、あろうことか、成熟した西洋型の個人主義を当然の前提とするものだった。

結果、戦後日本では、まったくI（アイデンティティ）を確立していない「民」に主権が与えられてしまった。take and take という理念不在、責任不在のきわめていびつな民主主義が現出してしまったのである。インターネットの書き込みが象徴するのは、「論証責任の伴わない言論の自由」といういびつな民主主義である。

ふたたび問われるもの

「ロジックは普遍的だ」とか「現代文はロジックの科目である」という予備校の現代文講師たちの論調は、あまりにもナイーブである。それはそのまま、現行の入試問題が無批判な論理的読解を許しているということであり、文科省や大学の責任も大きい。

皮肉を込めて言うと、彼らが本気で生徒たちにロジックを教えようと思うのなら、冗談ではなく、国教としてモノセイズムを導入するほどのラディカルな施策が必要だろう。

ところが、すでに戦後憲法によって「信教の自由」の原則は制定されてしまっている。これは、単に信教や宗教集

団形成の自由を認めるものだけではない。必要とあれば、政府が定める法律よりも、さらに高い原則に従う自由を肯定するものである。それが「個人」の権利を尊重する民主主義の大原則だからだ。国教としてのモノセイズムなど、あり得るはずがない。

皮肉にも、近代功利主義文明への本格的な対応がはじまった戦後、日本にロジックが根づく可能性は、永遠に閉ざされたのである。そして和洋折衷の日本語だけが残された。

しかし、これはむしろ幸いであった。日本は、その「国の個性」を致命的に剥奪されることを、永遠に免れもしたからである。

だからこそ、われわれは明治の知識人が向き合った問題と、ふたたび真剣に向き合わなければならない。それは、「現代文とは何か」という問題である。

どこまで日本語のロジカル化を許すのか。しかし、どこからは「国の個性」として守るべきなのか。戦後、われわれが棚上げしてきた問題に、いまこそ取り組まなければならない。情報化というグローバリズムの巨大な潮流の中で、いかに「国の個性」を守るのか——われわれは、明治の先人たちが直面した問題と同じ問題に向き合っている。しかし、それよりもはるかに大きい規模と深刻さで。

第 4 章
ロジカルトレーニング
［基礎理論篇］

† ディベートはロジカルコミュニケーション

　ここからは、第3章までの議論を踏まえた上で、われわれがわかっているようでわかっていない「論理」とは何なのかを学び直そう。
　雑多な移民からなる多民族国家アメリカでは、母集団がバラバラになってしまわないよう、お互いを理解し合うための超ロジカルなコミュニケーションが発達した。それがディベートである。そして、ディベートこそ、アメリカ主導でますますグローバルになりつつある世界の共通のコミュニケーションの約束事である。
　ディベートと言うと、広義には「議論」全般、狭義には「競技ディベート」を指すが、それは単にインフォーマルなものかフォーマルなものかの違いでしかない。英語で行なうスピーキングは、必然的にすべてロジカルスピーキング——ディベートなのである。
　私は、大学2年までESSに所属し、手あたり次第ESS対抗の競技ディベートに出場しては、「最強ディベーター」の名をほしいままにしていた。当時、京都のESS連盟では、私はちょっとした有名人だったと思う。いまになって思えば、井の中の蛙もいいところで、汗顔の至りなのだが、その自信は、アメリカで粉々に打ち砕かれた。
　小学生にさえ、まるで太刀打ちできないのだ。子供の頃から、テレビのチャンネル争いにせよ、お母さんへのおねだりにせよ、常にディベートをして育ち、義務教育でパブリックなディベートを徹底的に叩き込まれているのだから

当然である。

†「あたりまえ」が落とし穴

競技ディベートは、1つの proposition（命題）をめぐって議論を戦わせるものである。ディベートには、「論証責任」(burden of proof) という概念がある。文字通り、"How and why?"（どのように、なぜ？）を論証する責任のことである。ディベートにおける命題とは、この論証責任を伴う言説ということになる（以下、主張や意見という意味で、「イイタイコト」を「クレーム：claim」と呼ぶことにする）。

実は、英語で書かれたディベートのテキストを読んでも、クレームや論証責任の定義はどこにも出ていない。当然である。それを決める心の習慣（＝ロジック）は、彼らにとっては空気のように「あたりまえ」のものだからである。説明以前の問題として、前提されてしまっているのだ。

大学受験生にはおなじみの読解法に、パラグラフリーディングがある。英文を1つの意味のかたまりと見て、その主張をマクロ的に追うというものだ。初めて告白すると、私自身は、知識として体系的にパラグラフリーディングを学んだ経験がない。第一、高校時代に英語の授業をまともに受けた記憶がない。英単語や英文法は、スピーチ大会の原稿を書き、添削を受け、さらに推敲するという過程で自然に身につけていったタイプで、いわゆる受験文法や読解法などは、予備校の講師になって初めて知ったものばかりである（高校には ESS のためだけに通っていたようなもので、

受験勉強などしたこともなかったが、現在のAO入試の走りで、スピーチ大会の実績だけで京都外大の推薦入試に合格した)。

　予備校の講師になって、驚いた。たとえば、パラグラフリーディングでは、筆者の「イイタイコト」を含む1文をトピックセンテンスやキーセンテンスと呼ぶのだが、なぜその1文がトピックセンテンスなのかの説明がない。いきなり「第1文がトピックセンテンスである」、「Butの逆接部がトピックセンテンスになっている」というところから、解説が始まる。

　その理由は、もう言うまでもないだろう。パラグラフリーディングとは、アメリカ人がアメリカ人のためにつくった読解法を、ただ日本語に翻訳したものにすぎないからである。アメリカ人にとっての「あたりまえ」＝「ロジック」は、やはりあたりまえに前提されてしまっているのだ。

　私がロジカルリーディングを提唱したのは、学生時代のディベート経験や、それまでのアメリカ人とのやりとりから、なんとかアメリカ人にとっての「あたりまえ」を説明し、既存の学校文法や読解法との溝を埋めることができればと考えたからである。

† **意味より形**

　ディベートと言っても、「憲法」や「政策」に関わるものから、単に「事実」や「価値」を論じるもの、さらには日常的な議論までさまざまであるが、そこでクレームとなるためには、いくつか「形」の上での条件を満たすことが必要である。

何度も述べている通り、英語の統語はロジックの道具であり、その機能はロジックを使いこなすためだけに存在する。したがって、ロジックを（とくに英語で）扱う際、常に心がけなければならないことは、まず「統語」＝「形」に注目するということだ。論証責任の有無は、「意味」ではなく「形」から容易に判断することができる。

日本人同士がハラ芸でコミュニケートする際には、どうしても意味のウェートが大きくなってしまう。相手の「ハラ」＝「ホンネ」＝「イイタイコト」を探り、察するために、まずその意味を考えることに慣れてしまっているからだ。したがって、日本人が英語を前にしても、真っ先に「意味」＝「和訳」を考えてしまい、「機能」＝「形」に目が向かないのである。

本書の目的は、日本語で論理思考トレーニングをすることにあるのだが、ロジックの機能的な用法（＝形）に目を向けるためにも、そして日本語のロジックの限界を知るためにも、まずは英語との対比において解説を進めていこう。

†クレームをつくる3つの条件

クレームは、"How and why ?"（どのように、なぜ？）という問いかけに答える責任（論証責任）を含んでいる。

英語ネイティブに「何が論証責任になるのか」と尋ねても、はっきりした答えは得られない。「日本語ではどう言えば意見になるのか」と尋ねられて、われわれが答えに窮するのと同じである。

英語のディベートのテキストを見ても、burden of proof

(論証責任) の明確な定義はない。そこで、私が自分のディベート体験から帰納した論証責任の条件は、次の3つである。

> ❶ 相対的な形容詞
> ❷ 助動詞
> ❸ think, believe, want, hope, wish など、I を主語とする「主観」を表わす動詞

❶ 相対的な形容詞

相対的とは、特殊歴史的・特殊文化的・特殊個人的ということ。すなわち、歴史（時代）や文化（地域）、個人的価値観によって、その基準が変わるということだ。

たとえば、"It's a little too hot for this time of year."（1年のこの時期にしては少し暑すぎる）は、相対的である。夏の暑さは、時代によって変わる。日本においてさえ、40℃を超える真夏日など、わずか30年前には考えられないことだった。もちろん、暑さの基準は、生まれ育った地域や文化によっても異なり、個人的な感覚や体質によっても変わるだろう。たとえば、私などは長年の予備校での激務で自律神経を失調し、夏の盛りでも手足の指先が冷えて困っている。

したがって、アメリカ人に対して、"It's a little too hot for this time of year." と言った途端に、"How and why hot?"（どのように、なぜhotなのか？）という論証責任が生じることになる。同じように、"UFO is real."（UFOは

実在する）には "How and why real?"（どのように、なぜrealなのか？）、"Windows is better than Mac."（ウィンドウズはマックより優れている）には "How and why better?"（どのように、なぜbetterなのか？）という論証責任が生じる。

相対的の逆は、絶対的（通歴史的・通文化的・通個人的）である。「色」や「数」、「国籍」など、歴史や文化、個人的な価値観に左右されないものは絶対的で、論証責任にはならない。

たとえば、アメリカ人を相手に、"Mr. Yokoyama is my English teacher."（横山先生が私の英語の先生です）と言っても、"Uh-huh."（うんうん）と言って、黙って聞いているだろう。"He is Japanese."（彼は日本人です）と言っても同じだ。しかし、"He is a good teacher."（彼はいい先生です）と言うと、たちまち "Why do you think so?"（なぜそう思うのですか？）とか "How good is he?"（どういいのですか？）と理由を求められることになる。goodという相対的な形容詞に論証責任が生じているからだ。

以下、まとめておこう。

相対的
- 特殊歴史的（歴史や時代によってさまざま）
- 特殊文化的（地域や文化によってさまざま）
- 特殊個人的（個人的な価値観によってさまざま）

⇕

絶対的
- 通歴史的（歴史や時代を通して不変）
- 通文化的（地域や文化を通して不変）
- 通個人的（個人的な価値観を通して不変）

❷ 助動詞

can（〜できる）、may（〜かもしれない）、must（〜しなければならない）、should（〜すべきだ）など、助動詞はすべて発言者の「主観」を表すために用いられ、助動詞を含む発言は論証責任を生む。たとえば、"He will be accepted to the University of Tokyo."（彼は東京大学に合格するだろう）と言うと、"How and why will?"（どのように、なぜwillなのか）という論証責任が生じる。

やはり同じように、"The Prime Minister of Japan should not visit the Yasukuni Shrine."（日本の首相は靖国神社に参拝すべきではない）は "How and why should not?"（どのように、なぜshould notなのか？）、"Chapter 9 of the Japanese Constitution should be reconsidered."（日本国憲法第9条は改正されるべきである）は "How and why should?"（どのように、なぜshouldなのか？）という論証責任を伴うクレームである。

❸ think, believe, want, hope, wish など、I を主語とする「主観」を表わす動詞

チームで討論する競技ディベートでは、常にWeを主語にするため、あまり用いられないが、日常会話では、I thinkやI don't think、I believeやI don't believeなどといった形で、クレームを述べることが多い。

"UFO is real." も、普段の会話では、"I think (that) UFO is real." とか "I believe in UFO." などと言うほうが自然だし、"Japan should apologize to China for what it did during World War Two."（日本は第2次世界大戦中の行動を中国に謝罪すべきである）と主張したい場合は、"I think (believe) that Japan should apologize to China for what it did during World War Two." と表現されることが多い。もちろん、逆は "I don't think (believe)..." でよい。

†論証責任を見つける

それでは、実際の英文を使って、論証責任を見つけるトレーニングをしてみよう。英文の「意味」ではなく「形」に注目しながら、相手とディベートをし、「どのように、なぜ○○なのですか？」と尋ねるような気持ちで、取り組んでみてほしい。

実践演習1

以下のクレームのうち、論証責任が生じている語を指摘しなさい。
1. UFO is real.
2. He should see a doctor.
3. Smoking is harmful to health.
4. I want to eat curry rice for supper.
5. He is really cute.
6. English is difficult.
7. I like a plane better than a bullet train.
8. How high an hourly wage you get!

❾ You had better stay home.
❿ He is a kind of feminine.

解答

❶ UFO は実在する。
　相対的な形容詞 real が論証責任をつくっている。論証責任は "How and why real?"（どのように、なぜ実在するのか？）
❷ 彼は医者に行くべきだ。
　助動詞 should が論証責任をつくっている。論証責任は "How and why should?"（どのように、なぜ行くべきか？）
❸ 喫煙は健康に有害である。
　相対的な形容詞 harmful が論証責任をつくっている。論証責任は "How and why harmful?"（どのように、なぜ有害なのか？）
❹ 私は今晩カレーが食べたい。
　I を主語にした主観を表す動詞 want が論証責任をつくっている。論証責任は "How and why want?"（どのように、なぜ食べたいのか？）
❺ 彼は本当にカッコいい。
　相対的な形容詞 cute が論証責任をつくっている。論証責任は "How and why cute?"（どのように、なぜカッコいいのか？）
❻ 英語は難しい。
　相対的な形容詞 difficult が論証責任をつくっている。論

証責任は"How and why difficult?"（どのように、なぜ難しいのか？）

❼私は新幹線よりも飛行機のほうが好きだ。

Iを主語にした主観を表す動詞 like が論証責任をつくっている。論証責任は"How and why like?"（どのように、なぜ好きなのか？）

❽あなたはなんて高い時給をもらってるの！

相対的な形容詞 high が論証責任をつくっている。論証責任は"How and why high?"（どのように、なぜ高いのか？）

もちろん、時給の高い・低いは相対的である。時給3000円は、高校生にとってはおそらく破格だが、売れっ子のテレビタレントにとっては話にもならない低賃金だろう。

❾あなたは家にいたほうがいい。

助動詞 had better が論証責任をつくっている。論証責任は"How and why had better?"（どのように、なぜ家にいたほうがいいのか？）

had better や ought to などといった助動詞句も、もちろん論証責任になる。

❿彼はどこか女っぽい。

相対的な形容詞 feminine が論証責任をつくっている。論証責任は"How and why feminine?"（どのように、なぜ女っぽいのか？）

maleness（男性）と femaleness（女性）に対して、masculinity（男らしさ）と femininity（女らしさ）は相対的で、社会によってさまざまである。

余談だが、TBSの「世界ウルルン滞在記」を見ていると、その違いがよくわかって面白い。パプアニューギニアのある部族のあいだでは、「高くジャンプ」することが「男らしい」喜びの表現であり、「歯を指で激しくつつく」ことが「女らしい」喜びの表現なのだそうだ。このように、「男らしさ」や「女らしさ」は、特殊文化的な概念である。
　また、「男らしさ」や「女らしさ」が歴史によって変わることも、絵画を見れば一目瞭然だろう。『フランダースの犬』のネロ少年が憧れたルーベンスは、丸みを帯びた豊満な女性を描いた。二の腕や太腿をよく見ると、セルライト（脂肪のかたまり）が丹念に描かれている。ルーベンスの生きた17世紀ヨーロッパでは、「セルライト」が「女らしい美しさ」の象徴だったことがわかる。あまりに内面化され、行動様式の中に刷り込まれてしまっていて、ふだんは意識しないが、「男らしさ」や「女らしさ」は、特殊歴史的でもあるのだ。

† さらに2つの条件

　ただし、相対的な形容詞や助動詞を口にしても、クレームにならない場合がある。クレームになるためには、さらに次の2つの条件を満たさなければならない。

❶現在形であること。

✢―例文

English was difficult for me.
訳：私には英語は難しかった。

この文にはdifficultという「相対的な形容詞」が含まれているが、「過去形」で述べられているため、クレームにはならない。ディベートでは、クレームは必ず「現在形」で述べられる。
　「過去形」は、クレームを述べるための「足踏み」にすぎない。こうした過去形での発言は、ディベートでは、"So what?"（だから何?）と一蹴されてしまうことになる。「だから何なのか?」。「しかしいまは簡単だと思う」のか、「だからフランス語のほうがいい」と思うのか——いまはどう思っているのか——それを述べなければならないということだ。

❷スケルトンに論証責任があること。
✜―例文
　Japanese politeness demands that you must behave yourself as if you were always dependent on the other person, without whose continuing help you couldn't manage anything at all.
　訳：日本の礼儀では、相手の絶え間ない助けなくしては、自分はまったく何もできず、常にその人に頼っているかのように振る舞わなければならない。

　この文にはmustという「助動詞」が含まれているが、「スケルトン」の中に置かれているわけではないため、クレームにはならない。
　「スケルトン」とは、「骨子」とか「骨格」という意味で、

第4章　ロジカルトレーニング［基礎理論篇］　107

具体的には従属節や副詞句を除いた部分のことである（この文の場合は、Japanese politeness demandsの部分がスケルトン）。論証責任は、スケルトンに置かれる。

　この文は、その「和訳」＝「意味」だけを見ると、クレームのように思えるかもしれないが、クレームではない。

　もしアメリカ人が、この意味内容で論陣を張ろうと思うなら、たとえば"To be polite in Japan, you must behave..."と、あえて「助動詞」をスケルトンに置くだろう。あるいは、「相対的な形容詞」をスケルトンに置いて、"It is polite in Japan to behave..."と言うだろう。英語の「形」は、すべて「ロジックの道具」としての非常に巧妙な「機能」をもっているのである。

　この例文も、ディベートでは"So what?"（だから何？）と一蹴されてしまう発言になる。「だから何なのか？」。「郷に入っては郷に従うべき」なのか、「バカバカしい習慣だと思う」のか――それを述べてこそ、クレームだということだ。

　ここで、第2章で紹介した緒方貞子さんのエピソード（46ページ）を思い出してほしい。緒方さんが口にした"I notice you have a beautiful fan."という発言のスケルトンはI notice で、「私は気づく」と、単に「事実」だけを伝えようとしていることがわかる。もちろん、"You have a beautiful fan."なら、"How and why beautiful?"（どのように、なぜ美しいのか？）という論証責任が生じることになる。まさかこの状況で、"How beautiful is it?"（どう美しいのですか？）とか"Why do you think so?"（なぜそう

思うのですか?」と、ディベートが始まることはないだろうが、あえて論証責任を避けていることがわかるだろう。このように、英語ネイティブは、「形」でクレームにするかしないかを巧みに言い分けるのである。

　最後に、ここで挙げた例文の内容について補足しておきたい。ずいぶん昔、ホームステイの引率で数名の中高生をアメリカに連れていったことがある。フェアウェルパーティーで感極まった生徒たちが、「私は、この町の大学に戻ってきたい。「これからもどうぞよろしくお願いします」と、英語でどう言えばいいんですか」と尋ねてくる。

　ロジックの世界に、「(私を丸ごと) よろしくお願いします」はない。「どうぞよろしくお願いします」を英語に直訳すれば、"Please continue to help me."だが、もしアメリカ人相手に本当にこれを言ったら、まったく無責任で主体性 (I) のない人だと、心の底から軽蔑されるだろう(この例文にあるような前提は、やはり己を虚しくして周囲と融通しようとする日本語独特のハラ芸である)。

† **クレームになるかならないか**

　ここでも、実際の英文を使って、クレームになるかならないかを見極めるトレーニングをしてみよう。できる限り「意味」を軽く握って、「形」から英文にアプローチすること。気楽に、相手とディベートしているような気持ちで、取り組んでみてほしい。「意味ではなく形」——そう呪文のように唱えながら。

実践演習2

以下の英文が、論証責任を伴うクレームになるか、それともならないかを判断しなさい。

1. I believed as a child that Santa Claus was real.
2. My son believes that Santa Claus is real.
3. Since he is very good at singing, he wants to be a singer.
4. Since he is very good at singing, he should be a singer.
5. He has a very good opinion on movies.
6. He has an opinion on a good book.
7. Single women have been happier than married women.
8. Married women were happier than single women.
9. He says that Mac is better than Windows.
10. Windows is said to be better than Mac.

解答

❶私は子供の頃、サンタクロースが実在すると信じていた。
クレームにならない。

過去形で述べられており、クレームにはならない。もちろん、現在形で書かれていれば、"How and why believe？"（どのように、なぜ信じるのか？）という論証責任が生じることになる。

❷私の息子はサンタクロースが実在すると信じている。
　クレームにならない。
　real という相対的な形容詞が含まれているが、従属節 (that 節) の中に置かれているため、クレームにはならない。スケルトンの My son believes の部分も、主語が I ではないため、クレームにはならない。

❸彼は歌がとても上手いので、歌手になりたいと思っている。
　クレームにならない。
　good という相対的な形容詞が含まれているが、従属節 (Since 節) の中に置かれているため、クレームにはならない。スケルトンの he wants の部分も、主語が I ではないため、クレームにはならない。

❹彼は歌がとても上手いので、歌手になるべきだ。
　クレームになる。
　good は、従属節 (Since 節) の中に置かれているため、ここではクレームにはならない。クレームをつくるのは、スケルトン (he should be a singer) に含まれた助動詞 should で、"How and why should?"（どのように、なぜ歌手になるべきか？）という論証責任が生じている。

❺彼は映画について非常によい意見をもっている。
　クレームになる。

第4章 ロジカルトレーニング［基礎理論篇］

論証責任は "How and why good ?"（どのように、なぜよいのか？）。スケルトン（"He has a very good opinion"）に置かれた相対的な形容詞 good が論証責任をつくっている。

❻彼はよい本について一家言もっている。
クレームにならない。
good という相対的な形容詞が含まれているが、on a good book は修飾句であり、論証責任にはならない。

❼独身女性は既婚女性よりも幸福である。
クレームになる。
論証責任は "How and why happier ?"（どのように、なぜより幸福なのか？）。相対的な形容詞 happier が論証責任をつくっている。
時制が「現在完了形」になっていて、クレームになるのかどうか、悩んだ人もいるかもしれない。結論から言うと、現在完了形はクレームをつくる。
数年前、横浜にある他流派の空手道場に見学に行ったときのことだ。そこは私が学んでいる糸東流から出た分派で、すでに創始者は亡くなっていたが、海外からの留学生も多かった。その日も、カナダからやってきた女性が練習にきていて、いろいろ会話に花を咲かせた。
そのとき私は、「亡くなった先生に会ったことがありますか」という意味で、現在完了を使って、"Have you met the late Sensei ?" と尋ねた。
現在完了は、過去の１点から現在までの「期間」におけ

る「完了」、「結果」、「経験」、「継続」を表すと、誰でも中学校で習ったはずだ。私も、過去から現在に至る彼女の「経験」を尋ねたわけで、文法的・統語的には完璧なはずである。

　ところが、彼女はYesともNoとも言わず、ただひとこと、"He is dead."（彼は亡くなっていますよ）と答えた。そこで私は「しまった！」と、あわてて"Did you meet him?"と、過去形で尋ね直した。そこで初めて、"No, I didn't."という返答を得ることができた。

　そう、「現在完了形」とは「現在形」の変形なのだ。現在完了形は、原則として現在形で置き換えられるものでなければならない。つまり、"Have you met him?"という問いの意味は、「これまでに彼と会ったことがあるか？」もさることながら、"Do you meet him?"（いま会うか？）を問題にしているということだ。

　冠詞や指示語同様、時制も重要な時系列の論理指標だが、状況依存の日本語には、英語のような細かい時制の概念がない。とくに「期間」を表す完了時制を日本語に正しく訳出することは不可能で、「～してしまった」や「～したことがある」といった定訳から、日本語にすると、どうしても過去的なニュアンスが強くなる（私の中学・高校時代の英語の授業でも、現在完了形は、しばしば過去形と同じように訳されていた）。くれぐれも、英語には「意味」からではなく「形」からアプローチする習慣を身につけたい。

❽独身女性よりも既婚女性のほうが幸福だった。

クレームにならない。

happierという相対的な形容詞が含まれているが、過去形で述べられているため、論証責任は生じない。「独身女性よりも既婚女性のほうが幸福だった」のは、江戸時代のことなのか、戦前のことなのか、いずれにせよ、ディベートではクレームにはならない。"So what?"（だから、何なのか？）——あくまで「過去形は足踏み」である。現在形で述べられるクレームの「前振り」なのである。

❾ 彼はウィンドウズよりマックのほうが優れていると言う。
クレームにならない。

betterという相対的な形容詞が含まれているが、従属節(that節)の中に置かれているので、論証責任は生じない。

❿ ウィンドウズはマックよりも優れていると言われている。
クレームになる。

論証責任は"How and why better?"（どのように、なぜ優れているのか？）。相対的な形容詞betterが論証責任をつくっている。to be better than Macの部分は、Windowsとイコールになる補語句であり、省略すると文構造が成立しなくなってしまう。第2文型の補語は、主語とイコールの関係にあり、もちろんスケルトンに含まれる。

is said to be（〜と言われている）という言い回し（＝意味）から、「発言者の意見ではない」と判断した人も多いだろう。それこそが、「和訳」にこだわる日本人の心の習慣である。

英語では、たとえ第三者の意見であっても、スケルトンに論証責任を置いた以上、クレームと見なされる。同じ意味内容の発言をするにせよ、もし論証責任になることを避けたければ、アメリカ人なら「能動態」を使って、"People say that Windows is better than Mac."と表現するだろう。あるいは、"He uses both Windows and Mac, and says Windows is better."（彼はウィンドウズとマックの両方を使いますが、ウィンドウズのほうがいいと言っています）のように言うかもしれない。同じ意味をもつ文でも、能動態か受動態かで、クレームになるかどうかが変わる。「形」でその判断が分かれるということだ。

† 「〜と思う」に着目

　以上、英語でクレームになる条件を見てきたが、こうした統語によるデリケートな言い分けは、残念ながら日本語では不可能である。同じ意味を伝える発言でも、統語1つ変えるだけで、クレームになったり、ならなかったりする。これこそが、ロジックの道具としての英語の真骨頂であり、同時に日本語を使ってロジックの訓練をすること（＝現代文）の限界でもある。
　英語を読むときには、まず統語上の機能を見極めること。決してやみくもに「和訳」＝「意味」からアプローチしてはならない。英語はロジックを使うための言語であり、ロジックを使うための機能を備えているのだということを、くれぐれも忘れないようにしたい。
　ディベートの出発点は「論証責任」の概念であるが、こ

れを英語のように統語上の機能から定義することは、日本語ではほとんど不可能である。たとえば、現代文で言う助動詞は、明治期に英文法を無理やり日本語にあてはめて設定したもので、これをそのまま論証責任の定義に用いることはできない。現代文で「だ」は断定の助動詞だが、「彼は教師だ」と言っても、必ずしも主観的な意見になるとは限らないだろう。

　そこで、本書では、文尾に「〜と思う」と付け足すことができる発言を「日本語でロジックを扱う際のクレーム」と定義することにしよう。「今日はカレーを食べたい」は、「今日はカレーを食べたい（と思う）」というクレームである。「彼は教師だ」も、「彼は教師だ（と私は思う）」と言えるのなら、論証すべきクレームになる。逆に、単に事実を述べているだけなら、クレームにはならない。

　論証責任を口にしたにもかかわらず、その責任が果たされない言論は、アメリカ人はそれを無責任な「放言」と見なす。真の「言論の自由」とは、論証責任を果たす限りにおいて、保証されるものなのだ。

　もちろん、場や相手との関係によっては、アメリカ人でも"I think so, too."（私もそう思います）や"I agree."（同感です）といった返答はあり得るが、われわれ日本人がロジックのトレーニングを行なうときには、それはないものと考えたほうがよい。それでなくても、日本人の心の習慣は、関係性への「甘え」＝「察し」に基づいたものである。相手が口にした論証責任に対しては、機械的に"How and why?"と説明を求め、自分も口にした論証責任は果たす。

そのように心がけてほしい。

ロジックの基本——クレーム、データ、ワラント

次の図を見てほしい。

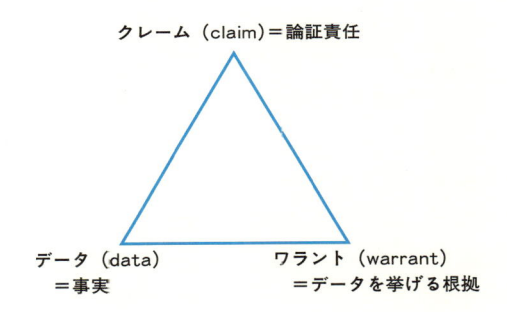

```
            クレーム (claim)＝論証責任

      データ (data)         ワラント (warrant)
        ＝事実              ＝データを挙げる根拠
```

　ディベートで「三角ロジック」と呼ぶものだが、これがディベートの原理である。クレーム・データ・ワラントの３つは不可分で、これら３つが揃って初めてロジックは成立する。
　いったんクレームを口にしてしまったら、必ずデータとワラントを挙げて論証しなければならない。つまり、データとワラントを挙げることが「論証責任を果たす」ということだ。言い換えれば、データ・ワラントのない発言は、クレームではなく放言である。
　たとえば、"UFO is real."（UFOは実在する）をクレームとした場合、次のような三角ロジックが成り立つ。

第４章　ロジカルトレーニング［基礎理論篇］

```
            クレーム：UFOは実在する
                   △
     データ：              ワラント：
     イチローが見た          彼は正直だ
```

　日本人がアメリカ人と会話していて、まずつまずくのが、データを挙げることである。日本人が「どのように、なぜUFOが実在するのか？」と問われると、たいてい「NASAがどうのこうの……」とか、「地球外生命体がどうのこうの……」と、到底手には負えない大きな議論に飛躍させてしまいがちだ。これでは、相手の思うつぼである。ディベートでは、足下をすくわれてしまうだけだ。

　データでは、「事実」を述べる。とりあえず、どんなことでもかまわない。事実は、身の回りに無数に存在する。「私は男性だ」も事実なら、「ここは日本だ」も事実である。とにかく何でも1つ事実を述べるのがデータであり、これがロジックの第1歩である。

　ここでは、「イチローが見た」をデータに挙げてみることにしよう。

　しかし、「イチローが見た」から「なぜUFOが実在する」と言えるのか、その「因果関係」がはっきりしない。やはりディベートなら、"So what?"（だから何？）で一巻

の終わりである。「だから何なのか」。「イチローが見たからといって、なぜUFOが実在すると言えるのか」——無数に存在する事実の中から、なぜわざわざ「イチローが見た」という事実を取り上げるのか——その「根拠」を述べるのがワラントである。

ひたすら論証責任を果たす

　では、「イチローが見た」という事実は、どんな根拠があれば、「UFOは実在する」というクレームを支えるデータになり得るのだろうか。

　もしあなたが英会話の教室でこの発言をしたとすると、良心的なアメリカ人の先生なら、"Who is Ichiro？ Is he your friend？ Is he an honest person？ Do you trust him？"（イチローとは誰ですか？　あなたの友達なのですか？　正直な人なのですか？　あなたは彼を信用していますか？）と、矢継ぎ早に誘導尋問をかけてくることだろう。そう、「正直な人だ」という根拠がほしいのである。無意識のうちに、三角ロジックのワラントを補おうとしているのだ。

　「イチローは正直だ」という根拠があってはじめて、「イチローが見た」という事実は有効性をもち、「UFOは実在する」というクレームのデータとなり得る。三角ロジックが成り立つというわけである。つまり、「論証責任を果たす」とは、「根拠のあるデータを挙げる」ことにほかならない。

　さて、実際のディベートで、この論証を行なったとすると、もちろん相手はワラントに対して、"How and why

第4章　ロジカルトレーニング［基礎理論篇］

honest?"（どのように、なぜhonestなのか）と、尋ねてくるだろう。つまり、ワラントに新しい論証責任が生まれているということだ。

　私が英会話を教えていたときには、「アメリカ人の3倍返し」と言って、とにかく口数を3倍にして返答するよう教えたものだ。「何チャンネルが観たい？」と聞かれたら、「8チャンネル」だけでは足りない。これにデータとワラントを必ず添える。「○○という番組が観たいんだ。6チャンネルのよりも面白いと思うよ」──これで1つの応答である。当然、相手は「どうしてより面白いの？」と尋ねてくるだろう。

　そして、これがロジカルな会話（＝議論）である。議論とは、決して口角泡を飛ばして激しくののしり合うことでも、衒学的に知識を競い合うことでもない。拙くても正々堂々と論証責任を果たすこと──ただそれだけのことなのだ。

† ワラントの省略

　実際のディベートやライティングでは、ワラントが省略されてしまうことがある。それは、データの内容が、社会的なコンセンサス（合意事項）である場合である。たとえば、次の3つの例を見てほしい。

❖―例1

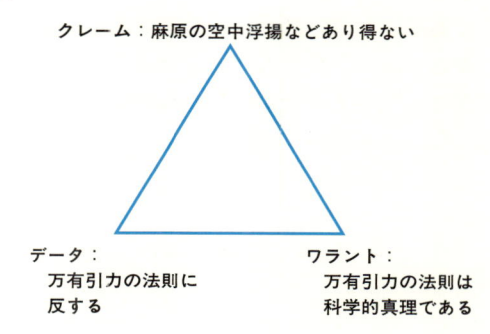

```
           クレーム：麻原の空中浮揚などあり得ない
                         △
  データ：                      ワラント：
    万有引力の法則に                 万有引力の法則は
    反する                         科学的真理である
```

　この場合、ふつう相手が中学生以上なら、「万有引力の法則」はあまりにもあたりまえなので、ワラントを省略することができる。しかし、相手が小学生以下の子供で、万有引力の法則を知らないようなら、ワラントを説明することが必要だろう。

❖―例2

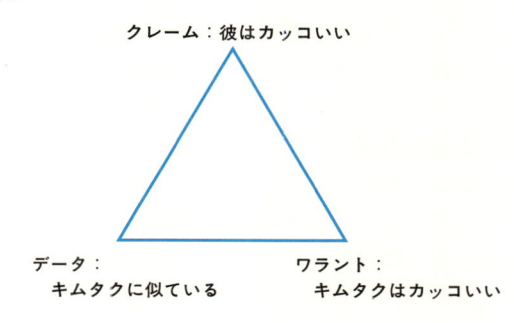

```
           クレーム：彼はカッコいい
                       △
  データ：                    ワラント：
    キムタクに似ている              キムタクはカッコいい
```

相手が日本人であれば、「キムタクがカッコいい芸能人の代表」であることは、ほとんど常識である。もちろん、外国人や海外で暮らす日本人、あるいは芸能事情にうといお年寄りなど、キムタクを知らない人が相手なら、ワラントを説明しなければならない。

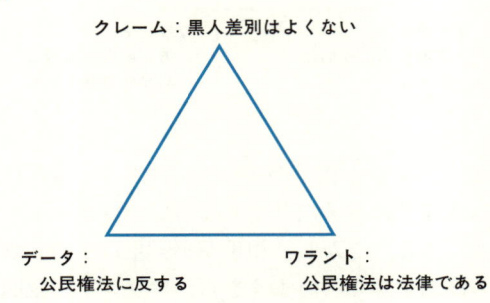

❖―例3

```
            クレーム：黒人差別はよくない


  データ：              ワラント：
  公民権法に反する       公民権法は法律である
```

アメリカの成人にとって、「公民権法」は誰でも知っている法律である。しかし、それがどのような内容をもった法律で、いつどのような経緯をたどって立法されたものかを知らない相手であれば、ワラントの説明が必要になる。

このように、スピーキングの場合は相手、ライティングの場合は想定する読み手によって、ワラントがコンセンサスになるかどうかが決まる。言うまでもないが、ワラントを省略したとしても、相手に求められればただちに提示できなければならない。したがって、ふだんのロジカルトレーニングでは、いつでもワラントを省略したり提示したり

できるよう、必ずデータにはワラントを添えることを心がけてほしい。

†ワラントは1日にしてならず

やや重たい政策や外交問題をディベートしてみるとよくわかると思うが、議論が高度になればなるほど、データは専門的になり、何より扱われるテーマについての背景知識（ワラント）が、きわめて重要になってくる。

たとえば、「私は小泉首相を支持します」というクレームを論証するのでも、「データ：郵政民営化をマニフェストに掲げています。ワラント：郵政民営化は改革の要です」といった知ったかぶりのロジックでは、「どのように、なぜ郵政民営化は改革の要なのか」という新しい論証責任が生まれてしまい、堂々めぐりのイタチごっこになってしまう。「憲法9条は改正すべき」を議論するにせよ、挙げるデータが思いつかなければ、三角ロジックを立てることができない。論陣を張る前に、まずはしっかり事前リサーチをすること。そして、それこそが、実は理科や社会の勉強なのである。

「嫌韓流」などと称して、韓国人との歴史論争が盛んだが、重い命題になればなるほど、そのテーマに関する深い背景知識がなければ、深いディベートはできない。アカデミックディベートは、十分な事前リサーチがあって初めて可能である。

ハーバード交渉術で知られるロジャー・フィッシャーは、交渉の要諦は yes-able proposition（肯定可能命題）である

と言う。それは、交渉相手をよく知り、「相手がYesと答えてくれるような命題」を提案することである。

ますます多文化的・多元的になっていく今日の世界において、よりよいコミュニケーションと「肯定可能命題」を可能にするものが、深い対話であることは言うまでもないことだ。韓国や中国の人々とディベートし、彼らがYesと答えてくれるような命題（yes-able proposition）を提示できるようになるためにも、まずは身の回りの簡単な命題を使って、ロジカルトレーニングを積み重ねてほしい。

シンプルな命題でディベートができてこそ、初めてアカデミックディベートは可能となる。いや、本当にシンプルなディベートができるようになれば、アカデミックディベートはむしろ簡単なのである。

高校生のみなさんは、英語を英語、現代文を現代文、小論文を小論文、理科社会を理科社会と別々に捉えるのではなく、「1つの科目」として有機的につなげて考えていってほしい。英語も現代文も、数学も理科も社会も、そして小論文も、すべては西洋由来の「学問」――「論理」を使って読み、書き、聞き、話すこと――のための準備である。そして、それらすべての基礎にあるのがロジックなのである。

† **ロジカルな現代文**

さて、文章では、ディベートのやりとりを自分で想定し、論証責任を果たさなければならない。自分が立てた三角ロジックに、自分でツッコミを入れて論証する。要するに、

論文とは「１人ディベート」なのだ。

先ほどのロジック（クレーム：UFOは実在する。データ：イチローが見た。ワラント：イチローは正直だ）を文章にする場合、第１パラグラフではクレームとデータだけを述べ、新たな論証責任（どのように、なぜ正直か）を伴うワラントは、第２パラグラフで別に論じることになる。これこそ、パラグラフが割れていく理由であり、原理である。

実際に文章を綴ってみると、次のようになるだろう。

最近、UFOの真偽についての議論がかまびすしいが、私は本当に存在すると思う。先日、私の親友であるイチローは、学校からの帰宅途中、聖橋のたもとでUFOを目撃した。彼の話では、西の空にオレンジ色の物体がジグザグに飛行したかと思うと、突然姿を消した。このあたりは飛行機の空路ではないし、決して鳥や隕石でもなかったと言う。ふだんは冷静沈着なイチローが、めずらしく興奮して私の携帯に電話をかけてきた。急いで私も現場に駆けつけ、２人で１時間ばかり待ってみたが、もうその物体が現れることはなかった。

野球部の部長で、高校の生徒会長も務めるイチローは、本当に生真面目で、決してウソなどいう人間ではない。私は高校生になって初めてイチローと知り合ったのだが、一度も彼がウソをつくのを聞いたことがないし、彼の幼なじみの連中は、「イチローは「バカ」がつくほど正直だ」と口を揃える。そのときのイチローも、真剣そのもので、私は本当に彼がUFOを見たのだと信じている。

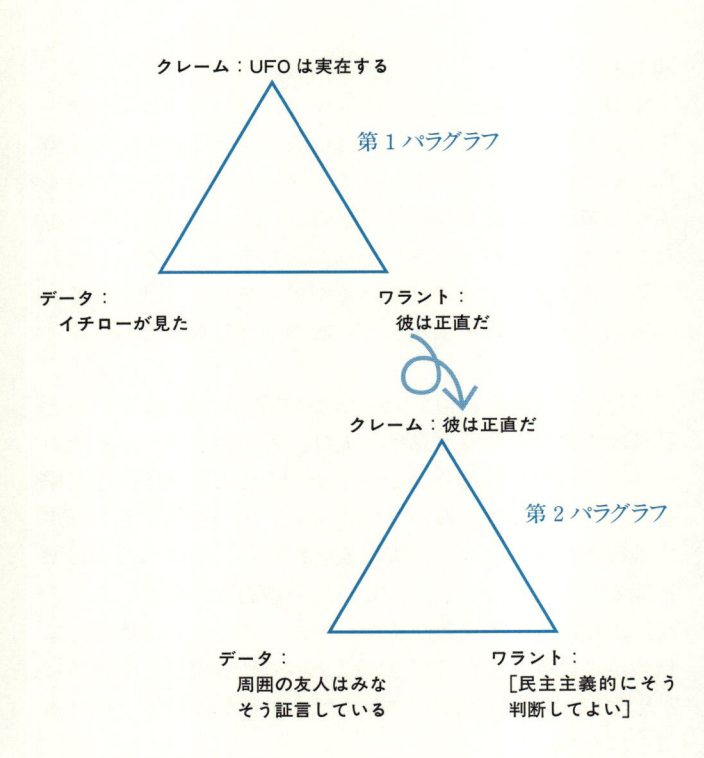

```
          クレーム：UFO は実在する

                    ▲
                   ╱ ╲        第1パラグラフ
                  ╱   ╲
                 ╱     ╲
                ╱       ╲
   データ：              ワラント：
    イチローが見た        彼は正直だ
                         ↻
                         ↓
               クレーム：彼は正直だ
                    ▲
                   ╱ ╲        第2パラグラフ
                  ╱   ╲
                 ╱     ╲
                ╱       ╲
   データ：              ワラント：
    周囲の友人はみな      ［民主主義的にそう
    そう証言している       判断してよい］
```

　第2パラグラフのロジックは、「クレーム：イチローは正直だ。データ：周囲の友人はみなそう証言している。ワラント：民主主義的にイチローを正直と判断してよい」なのだが、「民主主義＝普遍的行動原理」はあまりにもあたりまえの事実なので、ワラントは省略されている。
　そして、これがロジカルな日本語（＝現代文）である。三角ロジックの原理を知らずに、たとえば先の文章を読め

ば、おそらくほとんどの人が、その主旨を問われて「イチローのUFO目撃談」や「イチローの誠実さ」、「私の親友イチローについて」などと答えてしまう。それらはいずれも、「イチロー」というデータに振り回されてしまった間違いである。

†パラグラフ（段落）の意味

　ロジカルに書かれた文章では、筆者は必ず1つのクレームをめぐって議論を展開している。クレームがあるということは、データ・ワラントがあるということだ。これら3つは不可分のトライアングルである。クレーム・データ・ワラントの3つのかたまりこそがパラグラフなのであり、論文のパラグラフは、1つの「意味のかたまり」＝「意味段落」なのである。そして、こうした「段落分け」をアメリカ人は無意識のうちに行なう。これが、英語でパラグラフリーディングを可能にする原理である。

　どれほど長い文章であろうが、原理的には1つの大きいクレームをめぐって綴られている。それぞれのパラグラフにもクレームがあり、それらは、それぞれに密接な連関をもって、1つのクレームを論証しようとしている。各パラグラフの小さいクレームが重層的に絡み合い、文章全体の大きいクレームを論証しようとしている。この二重の論理構造を追っていくことがパラグラフリーディングなのである。

　ところが、日本人が書く文章の場合、必ずしも意味段落には割れずに、形式段落になることが多い。先ほどの文章

も、次のように形式的に段落を割ったほうが読みやすく感じないだろうか。

　最近、UFOの真偽についての議論がかまびすしいが、私は本当に存在すると思う。
　先日、私の親友であるイチローは、学校からの帰宅途中、聖橋のたもとでUFOを目撃した。彼の話では、西の空にオレンジ色の物体がジグザグに飛行したかと思うと、突然姿を消した。このあたりは飛行機の空路ではないし、決して鳥や隕石でもなかったと言う。
　ふだんは冷静沈着なイチローが、めずらしく興奮して私の携帯に電話をかけてきた。急いで私も現場に駆けつけ、2人で1時間ばかり待ってみたが、もうその物体が現れることはなかった。
　野球部の部長で、高校の生徒会長も務めるイチローは、本当に生真面目で、決してウソなどいう人間ではない。
　私は高校生になって初めてイチローと知り合ったのだが、一度も彼がウソをつくのを聞いたことがないし、彼の幼なじみの連中は、「イチローは「バカ」がつくほど正直だ」と口を揃える。
　そのときのイチローも、真剣そのもので、私は本当に彼がUFOを見たのだと信じている。

　どんな翻訳書でもかまわない。もし機会があれば、原文と日本語訳のパラグラフの数を比較してみてほしい。日本語訳の多くで、原文よりもパラグラフの数が多くなってい

ることに気づくはずだ。

　かく言う本書の段落も、ロジカルな意味段落にはなっていない。「言わぬが花」の日本語では、どうしてもロジックはダイレクトには表に出ず、修辞的な技巧の裏に隠れてしまいがちだからだ。行替えも、どちらかと言えば美的・感覚的に行なわれる。ここにも、現代文を素材にして論理トレーニングを行なうことの限界がある（新書や社説などの場合、著者や編集者がつけた「小見出し」や「タイトル」のある文章のかたまりを、事実上の「意味段落」と考えていいだろう。つまり、現代文における「意味段落」とは「小見出し段落」のことである。この問題については、改めて第6章の［インプット篇］で説明したい）。

† 論証責任は自分に還る

　私は、大学院時代に予備校の教壇に立ち、初めて論証責任の概念を英文読解に導入した。以来、現代文や現代文を用いた論理トレーニング教材でも、論証責任という言葉が、あたりまえのように用いられるようになっている。

　とくに私が英語科主任として深く関わった予備校では、現在この概念を無批判に現代文に援用して、大々的に小中学校向けの論理力養成事業を展開しており、その何たるかを周知できなかった責任を痛感している。

　手元にある現代文の「論理思考」本には、論証責任になる条件は、「何らかの意味で一般的、普遍的であること」と書かれている。たとえば、「ラーメンを食べようか、カレーを食べようか」という独り言は、あくまで自分個人が

解決すればいい問題なのだから、他者に向かって論証する必要などないのだという。

これは、日本語の心の習慣でロジックを理解しようとすることからくる「こじつけ」であり、いわば文化ミクスチャーである（そもそも現代文そのものが文化ミクスチャーの産物なのだが）。

他者に向かって発話するしないは、問題ではない。アメリカ人は、無意識のうちに三角ロジックで「ラーメンを食べようか、カレーを食べようか」を考え、論証し、1人でディベートをしている。データ・ワラントなしに、「ラーメンが食べたい」と思うことは決してないのだ。

論証責任とは、他者に対して負うものではない。自らに負うものである。他者に向かって論証するのではなく、自らを客体化し、自分を他者と見なして、まずは自らの主張に客観性を与えるのである。

† **言論の自由は論証責任を伴う**

最後に一言つけ加えておくと、ディベートにおいては、「UFOが実在する」というクレームの真偽は、それほど重要ではない。私がこうしたロジックの説明をはじめた当初、「アメリカ人はバカなのか。「正直なイチローが見た」などという子供だましの理由づけで、UFOの存在を信じるのか」という批判があったようだ。

もちろん、そんなはずはない。三角ロジックが成り立ったからといって、UFOの実在が証明されるわけでもないし、必ずしもその意見に相手が納得するわけでもない。こ

こで重要なのは、データ・ワラントが挙がっている限り、どれほど陳腐で愚かしく思われる意見でも、1つの意見として認め、尊重するということだ。それこそが、本当の言論の自由である。言論の自由とは、論証責任を伴う自由なのである。

UFOは存在しないと思うなら、その意見に反対すればよい。第5章で詳しく述べるように、反対する場合も、「何をバカなことを言っているんだ！」と、クレーム自体を攻撃することはしない。データとワラントを待って、その論証過程を崩す。あるいは、相手の意見を認めた上で、"UFO is unreal."（UFOは実在しない）ということを論証するのである。

もう1つ注意したいことは、ディベートでは、虚偽を述べることはタブーだということだ。ディベートでは、三角ロジックが成立しさえすれば、どんな意見でも1つの言論として尊重される。だからこそ、決して虚偽のデータに基づいてディベートしてはならない。この意味で、「ああ言えば上祐」と揶揄された元オウム真理教の広報部長の言論は、ディベートではなく、虚しい「詭弁術」であった。ディベートにおいては、誠実さが何より大切である。

† 小論文で問われること

ちなみに、小論文という科目は、与えられた1つの命題について、「論理的」に賛成か反対かを述べるものである。ある大学の教官が、「小論文の採点ほどいやなものはない」と語るのを聞いたことがある。「金太郎飴のように同じ小

賢しい答案には、うんざりする」と。

　頭の中には、目の前の入試と合否のことしかなく、寒さと緊張でぶるぶる震えている受験生に、どうして環境問題や世界秩序を論じ、天下国家を論じることなどできるだろう。背後で小論文の講師が操り人形の糸を操っていることなど、先刻お見通しである。

　大学の教官が見たいのは、クレームの内容ではない。はなはだ失礼ながら、彼らは10代の高校生や浪人生に、世界を変えるようなパラダイムや意見など、これっぽっちも期待してはいない。それは大学に入って考えればいいことだし、そもそも大学入試で思想の内容自体が問われるとしたら、言論の自由や思想の自由の原則に反するではないか。

　大学側が小論文で確かめたいのは、クレームのオリジナリティではなく、論理的に意見を述べ、他人の意見に反対する能力、ひいては西洋由来の学問をする能力である。子供は子供らしく、論証責任を果たせばいいのだ。

† **論証責任の重さ**

　論証責任は、政治の場でも大きい問題になることがある。元首相の宮澤喜一氏は、東大法学部の学生時代、フルブライト留学生としてアメリカで学んだ政界きっての英語通だったが、彼が首相を務めた1990年代のはじめ、アメリカで"Americans are lazy."（アメリカ人は怠惰だ）と発言して物議をかもしたことがある。実は、lazyという言葉は、アメリカ人にとっては非常に重い意味をもつ言葉である。

　アメリカ社会の底流には、建国以前、植民地時代に遡る

ピューリタン思想が厳然と生きている。「建国の父祖」の1人ベンジャミン・フランクリンは、早寝早起き、勤勉、清潔などの個人的実践を通じて、富に至る道を説いたが、その哲学は、そのまま脱宗教化されたピューリタン倫理だった。19世紀の児童小説家ホレーショ・アルジャーが描いた「丸太小屋から大統領へ、靴磨きから大富豪へ」という「アメリカン・ドリーム」を支えたのも、この倫理観である。彼らにとって、"You are lazy."は「地獄に堕ちろ」に等しいのだ。

宮澤氏は、こうしたアメリカ人の心の琴線に触れる言葉を口にした。それでも、アメリカ人は、その発言（クレーム）自体を非難することはなかった。"How and why lazy?"という宮澤氏の論証を待ち、反対しようと待ったのである。アメリカ人が怒ったのは、宮澤氏が自分たちの心の琴線に触れる発言をしたからではない。論証責任を果たさない放言をしたからだったのだ。

日本におけるテレビの討論番組やインターネットの書き込みは、こうした"You are lazy."流の前論理的な放言のるつぼである。インターネットの掲示板の書き込みを見ると、そこには「ドキュン」や「逝ってよし！」など、2ちゃんねる用語という独自の言葉を使った書き込みが踊っている。どうやら「ドキュン」は「バカ」、「逝ってよし」は「死ね」という意味らしいのだが、いずれも論証責任を伴うクレームである。

考えてみれば、「死ね」ほど人権を蹂躙する発言はない。しかし、それでもロジックは、「逝ってよし」をその人の

第4章　ロジカルトレーニング［基礎理論篇］　133

意見として尊重する。「横山、逝ってよし！」と書いても いいのだ。「どのように、なぜ逝っていいのか？」——そ れを論証する限りは。

第 5 章
ロジカルトレーニング
[アウトプット篇]

I 意見を述べる

† 意見の必要条件

　おさらいしておこう。ディベートでは、クレーム（主張・意見）を口にしてしまったら、必ずデータとワラントを挙げて、「どのように、なぜ」そう思うのかを論証しなければならない。論証責任を果たさない言論は、英語では無責任な「放言」である。

　データとは「クレームを裏づける事実」、そしてワラントとは「データを挙げる根拠」である。つまり、「根拠のある事実を述べること」が、「論証すること」にほかならない。クレーム・データ・ワラントの3つは不可分で、これら3つが揃って初めて「ロジック」は成立する。

　たとえば、「タバコは有害です。肺ガンになります」──日本人はしばしばこうした主張をする。しかし、これは「有害だから有害、悪いから悪い」という類のハラ芸である。「だって、だってなんだもん」と言っているのと同じだ。このような発想では、とてもアメリカ人相手に「会話」、つまり「議論」などできるはずがない。

　どんなに陳腐でもかまわない。データとワラントさえ挙がっていれば、それは1つの「意見」として見なされ、尊重される。それが「言論の自由」である。もしデータとワラントを挙げることができないのならば、それは責任ある

言論（クレーム）ではなく、インターネットの掲示板にも書き込むべきではない。

† シンプルな三角ロジック

それでは、さっそくトレーニングをはじめよう。

> **実践演習**
>
> 　以下の文をクレームとして、データ・ワラントを挙げて論証しなさい。それぞれ少なくとも3つの論証パターンを考えること。
>
> ❶彼は東大に合格するだろう。
> ❷少し暑すぎる。
> ❸彼は医者に行くべきだ。
> ❹喫煙は体に有害である。
> ❺彼は本当にカッコいい。

論証責任を果たすことがいかに難しいか、実感できたのではないだろうか。もう一度、一緒に考えてみよう。

❶彼は東大に合格するだろう。
✤―論証例1
　クレーム：彼は東大に合格するだろう。
　データ　：偏差値が80を超えている。

第5章　ロジカルトレーニング［アウトプット篇］　137

ワラント：東大の偏差値は75である。
❖―論証例2
　　クレーム：彼は東大に合格するだろう。
　　データ　：X模試でA判定が出た。
　　ワラント：X模試の信憑性は高い。
❖―論証例3
　　クレーム：彼は東大に合格するだろう。
　　データ　：占い師Aがそう予言した。
　　ワラント：占い師Aはよくあたる。

❷少し暑すぎる。
❖―論証例1
　　クレーム：少し暑すぎる。
　　データ　：気温が27℃だ。
　　ワラント：この時期の平均気温は21℃だ。
❖―論証例2
　　クレーム：少し暑すぎる。
　　データ　：気温が27℃だ。
　　ワラント：生理学説によれば、人は23℃を超えると暑
　　　　　　　いと感じる。
❖―論証例3
　　クレーム：少し暑すぎる。
　　データ　：私は北海道の出身だ。
　　ワラント：北海道の気温は低い。

❸彼は医者に行くべきだ。

✥―論証例1
　　クレーム：彼は医者に行くべきだ。
　　データ　：インフルエンザにかかっている恐れがある。
　　ワラント：インフルエンザは恐ろしい。
✥―論証例2
　　クレーム：彼は医者に行くべきだ。
　　データ　：市販のかぜ薬を使っている。
　　ワラント：市販のかぜ薬は効かない（高い）。
✥―論証例3
　　クレーム：彼は医者に行くべきだ。
　　データ　：健康診断で異常が出ている。
　　ワラント：健康診断で異常が出た者は、医者に診てもら
　　　　　　わなければならない（精密検査を受けなけれ
　　　　　　ばならない）。

❹喫煙は体に有害である。
✥―論証例1
　　クレーム：喫煙は体に有害である。
　　データ　：ニコチンとタールを含んでいる。
　　ワラント：ニコチンとタールは発ガン性物質である。
✥―論証例2
　　クレーム：喫煙は体に有害である。
　　データ　：『X』誌にそう書いてあった。
　　ワラント：『X』誌は権威ある医学雑誌である。
✥―論証例3
　　クレーム：喫煙は体に有害である。

第5章　ロジカルトレーニング［アウトプット篇］

データ　：禁煙が世界的にメジャーな潮流である。
　　ワラント：民主主義（最大多数の最大幸福）は人類の普
　　　　　　　遍的行動原理である。

❺彼は本当にカッコいい。
✤──論証例1
　　クレーム：彼は本当にカッコいい。
　　データ　：決して物事に妥協することがない。
　　ワラント：私の中でのカッコよさの基準は、意思の強さ
　　　　　　　だ。
✤──論証例2
　　クレーム：彼は本当にカッコいい。
　　データ　：ジュノンスーパーボーイに選ばれた。
　　ワラント：『ジュノン』は日本の若い女性にもっともよ
　　　　　　　く読まれている雑誌の一つである。
✤──論証例3
　　クレーム：彼は本当にカッコいい。
　　データ　：日本人ばなれした8.5頭身だ。
　　ワラント：平成のいい男の条件は「小顔」だ。

　実は、アメリカの小学校低学年なら、この程度の三角ロジックは簡単に使いこなす。しかも、われわれが相手にするのは、小学生や中学生ではない。高校や大学を卒業した、あるいはビジネススクールやロースクールで徹底的なロジカルトレーニングを経てきた筋金入りのディベーターである。アメリカは、まさに「ディベート王国」なのである。

必要最低限の「ロジック武装」がいかに大切であり、火急の課題であるかが、身に沁みて理解できると思う。

II 反対する

† 反対するための鉄則

 反対の仕方をディベートではNegative Constructionと言う。constructionとは「建設」の意味だ。まさに言い得て妙、「建設的批判」なのである。
 「朝まで生テレビ！」などで日本的「ディベート」を見ていると、相手のクレームそのものを攻撃する「人格攻撃」＝「中傷」が頻繁に見受けられる。インターネットの匿名掲示板の発言を見ても、ほぼ100パーセントがこうした中傷であるようだ。
 データとワラントを聞かずに、感情的にクレームを攻撃するのは、ディベート最大のタブーであり、Negative Destruction（破壊的批判）である。こうした会議を重ねていれば、人間関係が悪化しこそすれ、有益な結論など得られるはずがない。
 ディベートで相手の意見に反対する場合、決してクレームそのものは攻撃せず、以下3つの方法のいずれかを用いなければならない。ディベートで相手のクレームに反対するための3大鉄則である。

† 反対の仕方、3つの方法

❶反駁（リバタル）

相手のデータかワラントの虚偽・矛盾を突く。「リバタル」と呼ばれる。
❷質疑
相手のデータかワラントに論証責任を求める。
⮕アメリカのディベートのテキストでは、❶と❷は区別されず、合わせて「リバタル」とされるのが普通だが、日本人にはわかりづらいので、あえて別の方法として説明する。
❸反論（カウンターアーギュメント）
相手の三角ロジックを認めた上で、「そうは思わない」という新たな三角ロジックを立てる。「カウンターアーギュメント」と呼ばれる。

これは、日本語的にとりあえず相手を立てる、単なる「譲歩」ではない。かといって、頭ごなしに相手の意見を完全否定するのでもない。いったん完全に自分の負けを認め、その上で、より説得力のある三角ロジックを提示するのである。

ボクシングにたとえれば、反駁と質疑は手堅い「ブロック」、反論は相手のジャブを顔面に受け、相打ち覚悟で「カウンターパンチ」を狙う戦術といったところだろうか。当然、反論を用いた場合、いったん相手の議論を認めることになるので、競技としてはポイントを落とすものの、ジャッジにより説得力があると見なされれば、一気に逆転できる。成功すれば、もっとも強力な反対の仕方である。

† 反対することから始まる新たな応酬

それでは、まずは例題にチャレンジしてみよう。

> **例題**
>
> 　次の三角ロジックに、反駁・質疑・反論で可能な限り反対しなさい。
>
> クレーム：彼はカッコいい。
> データ　：キムタクに似ている。
> ワラント：キムタクはカッコいい。

❶反駁
［データに対して］いいえ、似てないと思います。
◆この反駁をした場合、相手からは「どのように、なぜ似ていない（と思う）のか」という質疑を受けることになる。
［ワラントに対して］いいえ、私はキムタクがカッコいいとは思いません。
◆この反駁をした場合も、相手から「どのように、なぜキムタクがカッコよくない（と思う）のか」という質疑を受けることになる。
❷質疑
［データに対して］どのように、なぜ似ているのですか？
［ワラントに対して］どのように、なぜキムタクはカッコいいのですか？
◆この例題の場合は、反駁よりも質疑のほうが戦略的だろう。こちらが論証責任というリスクを負うよりは、極力相手に論証

させたほうが、戦いは楽である。
❸反論
［クレーム］なるほど。しかし、彼がカッコいい人だという意見には同意しかねます。
［データ］彼はキムタクのコピーではありませんか。
［ワラント］没個性をカッコいいと言えるでしょうか。
→もちろん、この反論をした場合も、データに「どのように、なぜキムタクのコピーなのか」、ワラントに「どのように、なぜ没個性はカッコわるいのか」という新たな論証責任が生まれる。

この反論に対して、また相手も反駁・質疑・反論のいずれかの方法で反対してくるだろう。このように、ディベートの応酬は交わされる。

† **クレームへの攻撃はアンフェア**

繰り返すが、相手のクレームそのものを攻撃することは、ディベートではあり得ない。「ロジカルな批判」とは「建設的な批判」であり、それは「反駁（リバタル）」、「質疑」、「反論（カウンターアーギュメント）」のいずれかを意味する。

建設的に批判し合う限り、ディベートが終わったあとで互いにフェアに戦ったことを讃え合うことはあっても、決して「朝まで生テレビ！」のように仲違いしたり、遺恨を残したりすることはない。論戦を終えたあと、互いに握手をし、肩を叩き合うディベーターたちの姿は、ちょうどテニスやサッカーの試合が終わったあとの光景に似ている。

ディベートとは、まさにルールに則ったverbal boxing（言葉のボクシング）なのだ。

相手が論証責任を口にすれば、機械的に"How and why?"と説明を求め、ワラント（根拠）のないデータであれば、その整合性を突く。まさにフェアなスポーツマンシップの精神に基づいて行われる言葉のスポーツなのである。

日本人の会話やインターネットの書き込みでは、「あの子、いけてね？」、「ぜんぜんいけてねーよ」、「おまえの目、くさってんじゃん？」といったやりとりをしばしば耳にし、目にする。しかし、それはプレロジカルな水かけ論、放言である。

第1章の冒頭で「ディベートファイトクラブ」の例を挙げ、「ニッポンのほうが威勢がいい」、「いや、ニホンのほうが響きがいい」ではディベートにはならないと述べたが、その理由も、もはや言うまでもないだろう。

ちなみに、あの番組の場合、「「ニッポン」OR「ニホン」統一するなら」という命題設定にも問題があった。本来なら、「ニッポンに統一すべき」か「ニホンに統一すべき」のどちらかを命題に掲げ、Affirmativeサイド（賛成側）とNegativeサイド（反対側）に分かれてディベートするものだ。ところが、二者択一的に異なる命題を与えられた出場者は、あろうことか、それぞれが賛成側に回って、反対側が不在になってしまったのである。これでは、ディベートは成立しない。これは番組制作側のミスリードと言うべきで、両者の議論が平行線をたどったのも当然のことだった。

「「ニッポン」OR「ニホン」統一するなら」を命題にディベートするなら、まず、先攻の「ニッポン」側が、「ニッポンに統一すべき」を立論する（たとえば、データ：100人の外国人に尋ねたところ、90人がニッポンのほうが呼びやすいと答えた。ワラント：現代は国際的なグローバル時代であり、外国人にとっての呼びやすさも考慮しなければならない）。そして、後攻の「ニホン」側は、これに手堅く反駁か質疑で応じる。

　ここで、対立命題となる「ニホンに統一すべき」は、万策尽きて反駁や質疑ができなくなってしまったとき、初めて反論（カウンターアーギュメント）として出てくるべきものである。

　このように、二者択一ディベートは、よほどディベート（ロジカルな会話）に慣れていないと難しい。やはり、せめて命題を1つに絞るべきだっただろう。

† **反対意見トレーニング**

　それでは、以下の議論（三角ロジック）に対して、反駁・質疑・反論のいずれかで、短い反対意見を述べてみよう。

実践演習

　次の三角ロジックに、反駁・質疑・反論で、可能な限り反対しなさい。

❶ クレーム：UFOは実在すると思います。
　データ　：イチローが見ました。
　ワラント：イチローは正直な人です。
❷ クレーム：ツチノコは存在します。
　データ　：A氏がテレビでそう言っていました。
　ワラント：A氏はツチノコ研究の第一人者です。
❸ クレーム：後部座席でもシートベルト着用を義務づけるべきです。
　データ　：約7000人が交通事故で命を落としています。
　ワラント：我が国は人命を重んじる人権国家（民主主義国家）です。
❹ クレーム：既婚者よりも未婚者のほうが幸福です。
　データ　：結婚すると生活が不自由になります。
　ワラント：私の幸福の定義は、自由であるということです。
❺ クレーム：マックよりもウィンドウズのほうがいいと思います。
　データ　：世界のパソコンユーザーの圧倒的多数がウィンドウズユーザーです。
　ワラント：圧倒的多数が使っているということは、互換性が高く便利だということです。
❻ クレーム：彼は東大に受かるでしょう。
　データ　：先日の模試で総合偏差値が80を超えました。
　ワラント：東大の偏差値は75です。

❼クレーム：彼はカッコいい男性です。
　データ　：彼はとても個性的です。
　ワラント：私のカッコよさの定義は、個性的であるということです。

❽クレーム：柔道より空手のほうが強いと思います。
　データ　：AはBと戦って負けました。
　ワラント：Aは柔道初段で、Bは空手初段です。

❾クレーム：死刑は廃止すべきではありません。
　データ　：法学的にも、犯罪を抑止するためには、効果のある刑罰が必要です。
　ワラント：死刑は人権国家においてはもっとも重い刑罰です。

❿クレーム：日本は英語を第2公用語にすべきだと思います。
　データ　：グローバル社会では英語が使えなければなりません。
　ワラント：グローバル社会のリーダーはアメリカで、アメリカの言語は英語です。

どうだろうか？　うまくできただろうか？
それでは、改めて一緒に反対の仕方を考えてみよう。

❶クレーム：UFOは実在すると思います。
　データ　：イチローが見ました。
　ワラント：イチローは正直な人です。

✣―反駁例
[データに対して] いいえ、イチローは確信はないと言っていました。
[ワラントに対して] いいえ、イチローは私にウソをつきました。

✣―質疑例
[ワラントに対して] どのように、なぜイチローは正直なのですか？
➡この場合、データに新しい論証責任は生まれておらず、データを質疑することはできない。

✣―反論例
[クレーム] なるほど。しかし、UFOが実在するという意見には同意しかねます。
[データ] このあいだ読んだ雑誌に、地球外生命体が存在する可能性はきわめて低いと書いてありました。
[ワラント] その雑誌は権威ある科学雑誌です。

❷クレーム：ツチノコは存在します。
　データ　：A氏がテレビでそう言っていました。
　ワラント：A氏はツチノコ研究の第一人者です。

✣―反駁例
[データに対して] いや、A氏ははっきり断言はしませんでした。
[ワラントに対して] いや、A氏はトンデモ学者ではないですか。

✣―質疑例

［ワラントに対して］どのように、なぜA氏はツチノコ研究の第一人者なんですか？

◗この場合、データに新しい論証責任は生まれておらず、データを質疑することはできない。

✣―反論例

［クレーム］なるほど。しかし、ツチノコが実在するという意見には同意しかねます。
［データ］ツチノコの写真は1枚も存在しません。
［ワラント］本当に存在するのなら、写真が存在するのではないでしょうか。

❸クレーム：後部座席でもシートベルト着用を義務づけるべきです。
　データ　：約7000人が交通事故で命を落としています。
　ワラント：我が国は人命を重んじる人権国家（民主主義国家）です。

✣―反駁例

［データに対して］シートベルト着用をしなかったために交通事故で亡くなった人の数を具体的に示してください。

◗この場合、ワラントの「我が国は人命を重んじる人権国家（民主主義国家）である」に反駁することは不可能である。あえて反駁した場合は、詭弁になる。

✣―質疑例

不可。この場合、データにもワラントにも新しい論証責任

は生まれていない。
✣―反論例
［クレーム］なるほど。しかし、後部座席のシートベルト着用を義務づけるべきだという意見には同意しかねます。
［データ］むしろシートベルト着用が交通事故死の原因になっているとの報告があります。
［ワラント］おっしゃる通り、民主主義国家では人命は何より尊いですから。

❹クレーム：既婚者よりも未婚者のほうが幸福です。
　データ　：結婚すると生活が不自由になります。
　ワラント：私の幸福の定義は、自由であるということです。

✣―反駁例
［データに対して］私の姉は、経済力のある人と結婚して、独身時代よりもはるかに自由に趣味を楽しんでいますよ。
▶ワラントに対する反駁は不可。ディベートでは、definitions of the terms（用語の定義）は、発話者の責任において行われる。したがって、議論はあくまで「幸福＝自由」という定義に基づいて行われなければならない。もしこの前提に反駁を加えてしまうと、第1章で述べたテレビ番組のような水かけ論になってしまう。
✣―質疑例
［データに対して］どのように、なぜ結婚すると生活が不自由になるのですか？

🔹 この場合、ワラントに新しい論証責任は生まれておらず、ワラントを質疑することはできない。

✥―反論例

［クレーム］なるほど。しかし、既婚者よりも未婚者のほうが幸福だという意見には同意しかねます。
［データ］経済的には、既婚者は未婚者よりはるかに恵まれています。
［ワラント］日本の税制度は未婚者に対してきわめて不利です。

❺ クレーム：マックよりもウィンドウズのほうがいいと思います。
　データ　：世界のパソコンユーザーの圧倒的多数がウィンドウズユーザーです。
　ワラント：圧倒的多数が使っているということは、互換性が高く便利だということです。

✥―反駁例

［ワラントに対して］互換性が高いということは、ウイルスに感染しやすいということではないのですか？
🔹 この場合、データの「世界のパソコンユーザーの圧倒的多数がウィンドウズユーザーである」を反駁することは不可能である。あえて反駁した場合は、詭弁になる。

✥―質疑例

［ワラントに対して］どのように、なぜ互換性が高く便利なのですか？

第5章　ロジカルトレーニング［アウトプット篇］　153

➡ この場合、データに新しい論証責任は生まれておらず、データを質疑することはできない。

❖―反論例
[クレーム] なるほど。しかし、マックよりウィンドウズのほうがいいという意見には同意しかねます。
[データ] 私はマックユーザーですが、一度もウイルス対策に煩わされたことがありません。
[ワラント] 愉快犯は、マジョリティのウィンドウズユーザーを狙いますから。

❻ クレーム：彼は東大に受かるでしょう。
　データ　：先日の模試で総合偏差値が80を超えました。
　ワラント：東大の偏差値は75です。

❖―反駁例
[データに対して] 偏差値が80を超えたのは一度だけですよ。
[ワラントに対して] 科類によって偏差値はかなり異なっていて、一概には言えません。

❖―質疑例
不可。この場合、データにもワラントにも新しい論証責任は生まれていない。

❖―反論例
[クレーム] なるほど。しかし、彼が東大に受かるだろうという意見には同意しかねます。
[データ] 本番では緊張して実力が出せないのではないで

しょうか。
［ワラント］彼は気が小さく、本番に弱いタイプです。

❼クレーム：彼はカッコいい男性です。
　データ　　：彼はとても個性的です。
　ワラント：私のカッコよさの定義は、個性的であるということです。

✣―反駁例
［データに対して］彼のファッションも髪型も、流行のもので、私は彼が個性的だとは思いません。
→ワラントに対する反駁は不可。この場合、ワラントの「カッコよさ」の定義は発言者の権利であり、異論があってもディベートでは従わなければならない。

✣―質疑例
［データに対して］どのように、なぜ彼は個性的なのですか？
→この場合、ワラントには新しい論証責任は生まれていない。

✣―反論例
［クレーム］なるほど。しかし、彼がカッコいい人だという意見には同意しかねます。
［データ］彼は30歳にもなって親のすねかじりです。
［ワラント］自立できてこそのおしゃれではありませんか。

❽クレーム：柔道より空手のほうが強いと思います。
　データ　　：AはBと戦って負けました。

ワラント：Aは柔道初段で、Bは空手初段です。

❖―反駁例
[データに対して] AがBに負けたのは一度だけですよ。相対的な頻度はどうなのですか。
この場合、ワラントの「Aは柔道初段で、Bは空手初段である」が事実である限り、反駁することは不可能である。あえて反駁した場合は、詭弁になる。もちろん、事実に反する場合は「それは事実ではありません」と反駁すればよい。

❖―質疑例
不可。この場合、データにもワラントにも新しい論証責任は生まれていない。

❖―反論例
[クレーム] なるほど。しかし、柔道より空手のほうが強いという意見には同意しかねます。
[データ] そもそも柔道と空手の強さを比較することはできません。
[ワラント] ルールがまったく違うのですから。

❾ クレーム：死刑は廃止すべきではありません。
　 データ　：法学的にも、犯罪を抑止するためには、効果のある刑罰が必要です。
　 ワラント：死刑は人権国家においてはもっとも重い刑罰です。

❖―反駁例

［ワラントに対して］フランスは人権国家ですが、死刑制度を廃止しています。

➡この場合、ワラントの「死刑は人権国家においてはもっとも重い刑罰である」は、あまりにも常識的すぎて、反駁することは不可能だろう。あえて反駁した場合は、やはり詭弁と見なされる。

❖―質疑例

［ワラントに対して］どのように、なぜ死刑は人権国家におけるもっとも重い刑罰なのですか？

➡この場合、データに新しい論証責任は生まれていない。

❖―反論例

［クレーム］なるほど。しかし、死刑を廃止すべきではないという意見に同意しかねます。
［データ］日本は死刑制度をもつ数少ない国ですが、凶悪犯罪はむしろ増加傾向にあります。
［ワラント］これは死刑が犯罪抑止につながらないということを示しています。

❿ クレーム：日本は英語を第2公用語にすべきだと思います。
　データ　：グローバル社会では英語が使えなければなりません。
　ワラント：グローバル社会のリーダーはアメリカで、アメリカの言語は英語です。

✤―反駁例
[データに対して] フランスは公的文書での英語の使用を禁じています。
◆この場合、世界の現状を見てみても、ワラントの「グローバル社会のリーダーはアメリカで、アメリカの言語は英語である」に反駁することは不可能である。あえて反駁した場合は、やはり詭弁になってしまうだろう。

✤―質疑例
[データに対して] どのように、なぜグローバル社会では英語が使えなければなりませんか？
◆この場合、ワラントに新しい論証責任は生まれていない。

✤―反論例
[クレーム] なるほど。しかし、日本が英語を第2公用語にすべきだという意見に同意しかねます。
[データ] グローバル社会では、むしろ個性の主張が大事です。
[ワラント] 国の個性は言語です。

　ロジカルに意見を述べ、反対することがいかに難しいか、実感できたのではないだろうか。それはそのまま、われわれが日常的に行なっている「議論」が、実はまったくロジカルなものではなく、ハラ芸による非常に感覚的なものだということにほかならない。
　そもそも自分の存在を低くする「敬語」を使って自分の主張を述べるということ自体、無理があることなのだが、シンプルで日常的な命題で三角ロジックを操るということ

は、アメリカ主導のグローバル時代を生きるわれわれにとって、どうしても必要なことである。電車の中で、あるいは歩きながら、お風呂に入りながら、自分で命題を立て、三角ロジックを組み立てるトレーニングを続けていってほしいと思う。

第 6 章
ロジカルトレーニング
［インプット篇］

三角ロジックのパターン

　ここからは、リーディングのトレーニングをしていこう。リーディングとは、いわば「インプット」の作業であり、自分自身で三角ロジックを立てること、つまり「アウトプット」ができて初めて可能になる。第4章と第5章の内容をしっかり消化してから、この章のトレーニングに進んでほしい。

　第4章の［基礎理論篇］で述べた通り、ほとんどの論文では、ワラントは読み手とのコンセンサスとして前提（省略）されてしまっている。したがって、実際に読み取らなければならないのは、論文を構成しているたった1つのクレームと、それを論証しようとするデータである。

　実際の論文では、三角ロジックは、基本的に以下3つのパターンで応用される。

---

❶　演繹型（正三角形）　　クレーム→データ
❷　帰納型（逆三角形）　　データ→クレーム
❸　反論型（菱形）　　　　対立命題→クレーム→データ

　1つのパラグラフには、原則として1つの「イイタイコト」＝「クレーム」が含まれている。
　①の「演繹型」は、そのクレームを第1文に置くパターンである。いわば正三角形のロジックであり、英語ではも

っともオーソドックスな論理展開である。

②の「帰納型」は、クレームを最終文に置く逆三角形のパターンである。第1文にも最終文にも論証責任が置かれている場合は、第1文を優先し、「演繹型」と判断する。

帰納型は、現代文に多いパターンである。「言わぬが花」の日本語では、できるだけ「イイタイコト」は後回しにしようとするからだ。新聞の社説やコラムのように、結論はぼんやりとほのめかして、帰納にすらなっていないものも多い。そのくらい、日本語を使うとロジックが表に出てきづらいのである。

③は、本来なら演繹型のバリエーションとして分類すべきなのだが、ここではわかりやすく、あえて別の型とする。途中にクレームを置く菱形の論理展開であり、第5章でトレーニングした「反対の仕方」の「反論」を文章にまとめるものである。もちろん評論では議論の相手がいないので、最初に「対立命題」を掲げ、それに反対する形で議論を進めていく。

このパターンの信号となるのが、文頭に置かれた接続詞の But である。文章の途中で But が置かれ、そこに論証責任が生じている場合、たとえ第1文に論証責任があっても、But の1文をクレームと判断する。また、これは演繹の変形なので、最終文に論証責任が置かれていても、But 以下の論証責任を優先する。

ここで注意しなければならないのは、反論型をつくる接続詞は But だけということだ。日本語で「しかし」と訳される接続詞には、他にも However や Nevertheless、Nonetheless、Yetなどいろいろあるが、Butはまったくの別格で、大きく文脈を逆転させる機能をもつ唯一の接続詞である。

　このように、英語の場合は非常にわかりやすいのだが、Butは、日本語では「しかし」や「だが」、「けれども」など、さまざまに訳され、途端に「形」＝「機能」からの判断が難しくなる。

　また、日本語の「しかし」は、「今日はいい天気だなあ。しかし、気分がいい」といった具合に、逆接の役割を果たさないことも多い。「しかし」を英語のButにあたる逆接の接続詞と定めたのは、やはり明治以降の学校文法なのであって、実際には「本当のところ」と強調したり、「ところで」と話題を変えたりするためにも使われる軽い言葉である（少なくとも「しかし」を見ただけで、形の上からそれが逆接になるとは判断できない）。

　やはり、いきなり「天声人語」やコラムを使って日本語でロジカルリーディングをはじめると、こうした例外処理で音を上げてしまうことになる。感覚的で恣意的な形式段落（現代文）でロジカルリーディングの練習をする前に、その橋渡しとして、英文の和訳（できるだけ直訳したものがよい）を使って、意味段落の論理構成に慣れておくことが大事だと思う。最初のうちは、大学入試の英文の和訳を読んでみたりするのもいいかもしれない。

† レトリックとは何か

　論文にはたった１つの「イイタイコト」＝「クレーム」

があり、残りの部分はすべてそれを論証するためのデータ（具体例）である。そのデータの挙げ方、つまり論証パターンのことを「レトリック」と呼ぶ。

レトリックには、次のようなパターンがあり、これらが複合的に組み合わせて用いられる。

❶エピソード
自分自身の体験談や第三者のエピソードを物語風に述べるレトリック。英語の議論で「過去形」になる場合は、ほとんどがエピソードである。
❷列挙
複数のデータを列挙するレトリック。同じワラントから複数のデータを引き出すこともあれば、データそれぞれに異なるワラントを用意しなければならないこともある。
❸定義・分類
「「便利」とは「早い」ということ」というふうに、自分なりの定義を与えるレトリック。
❹因果関係
why-becauseとも呼ばれ、文字通り因果関係を説明するレトリック。
❺引用
議論のテーマとなっている分野の第一人者の見解を引用して、自分の考え（クレーム）を強化するレトリック。権威ある学者であればあるほど説得力は増す。
❻時系列
過去から現在に至るまで、経緯や歴史をたどって説明す

るレトリックである。
　❼対比・対照
　対照的なデータを挙げて比較するレトリック。
　❽比喩
　喩えを用いるレトリック。比喩には隠喩と直喩の2つがある。「瞳はダイアモンド」とダイレクトに言い切って譬えるのが隠喩（metaphor）、「ダイアモンドのようにきれい」と、もって回って譬えるのが直喩（simile）である。なぜか評論用語では、隠と直のイメージが逆になっている（誰が訳したのだろうか）。

　実は、先述した現代文主導の論理プロジェクトでは、「レトリック」の意味をめぐっても、現代文の講師とのあいだで大きな食い違いがあった。現代文で「レトリック」と言うと、すなわちこの「比喩」を指すらしい。「レトリック」もまた明治時代に生まれた新しい評論用語だが、狭義に「修辞」と訳され、もっぱら文学的技巧のこととされてしまったことが大きいのだろうと思う。

　論証責任は"How and why?"だが、実際の論文ではhowだけが論証されたり、whyだけが論証されたり、あるいは両方が別々のパラグラフで論証されたり、さまざまである。論証責任によっては、howとwhyが結局同じことだったりする。つまり、クレームを見つけた段階で、それがどのように論証されるか——どんなデータが挙がるかを予測することはできない。論証責任がどのように果たされるかは、レトリック次第ということだ。

† **クレームとレトリックを摑む**

　それでは、実際に短い文章を使って、クレームとレトリックを把握するトレーニングをしよう。

　本書の目的は、改めてロジックの言語としての英語の機能を学び、それを現代文に生かすことにある。したがって、英文と和訳を同時に掲げるが、トレーニングはなるべく次の手順を踏んでほしい。

❶英文でクレームの位置を確認する（訳す必要はなく、形の上からのクレームの位置確認だけで英文からは離れる）。
❷和訳でクレームの意味を確認し、どんなレトリックが使われているかを考える。

　もちろん、和訳は見ずに英語だけでトレーニングを進めても、あるいは英語は見ずに和訳だけで進めてもかまわない。とにかく細部にこだわらず、たった1つのクレームと、それを支えるレトリックのパターンが摑めれば合格である。

実践演習1

次の文章を読み、続く設問1〜2に答えなさい。

① My brother is really lazy. ② He always has me help his homework. ③ He never cares about housework. ④ He just sits and watches TV.

①私の弟は本当に怠け者です。②いつも私に宿題を手伝わせます。③家事のことなど、まったく意に介しません。④ただ座ってテレビを観ています。

問1　クレームになっている文の番号を答えなさい。
問2　用いられているレトリックをすべて選びなさい。
A 列挙　B 因果関係　C 引用　D 対比・対照

[解答1]　　問1　①　　問2　A
演繹型で、クレームは第1文。"How and why lazy?"（どのように、なぜ怠け者なのか？）が論証責任である。
　用いられたレトリックは「列挙」で、自分の弟がいかに怠け者かを、いくつか具体例を挙げて論証している。「宿題をサボる」、「家事を手伝わない」、「テレビばかり観ている」などといったことが、「怠け者の特徴」だということは、あまりにもあたりまえなので、ワラントとして省略されている。

[実践演習2]

次の文章を読み、続く設問1〜2に答えなさい。

① My new apartment house is very comfortable.　② It takes less than a few minutes to walk to the nearest station.　③ A big department store is just around the corner.　④ The landlord is always with us and manages about chores.

　①私の新しいマンションはとても快適だ。②最寄り駅までは、歩いて2、3分もかからない。③大きいデパートもすぐそこにある。④管理人が常駐していて、あれこれ世話をしてくれる。

　問1　クレームになっている文の番号を答えなさい。
　問2　用いられているレトリックをすべて選びなさい。
　A 列挙　B 引用　C 時系列　D 対比・対照

解答2　　問1　①　　問2　A

　演繹型で、クレームは第1文。"How and why comfortable?"（どのように、なぜ快適なのか？）が論証責任である。
　用いられたレトリックは「列挙」で、新しいマンションがいかに快適かを、いくつか具体例を挙げて論証している。ここでも、「駅に近い」、「デパートに近い」、「大家がしっかり管理している」などといったことが、「よいマンションの条件」として前提されている。

実践演習3

　次の文章を読み、続く設問1〜2に答えなさい。

　① According to JT, about 20 percent of American

adults are smokers. ② The smoking rates for Japanese adults are almost the twice, and these are the highest among industrial nations. ③ We can rather find a counterpart in underdeveloped nations. ④ Surprisingly, it is very common to see Japanese teenagers smoke in public. ⑤ Japan can be called a smoking paradise.

①JTによれば、アメリカ人成人の約20パーセントが喫煙者である。②日本人成人の喫煙率はそのほぼ2倍で、産業国の中ではもっとも高い。③むしろ低開発国並みである。④驚いたことに、日本のティーネージャーが公衆の面前で喫煙している姿もよく目にする。⑤日本は喫煙天国と呼べるだろう。

問1 クレームになっている文の番号を答えなさい。
問2 用いられているレトリックをすべて選びなさい。
A 列挙　B 因果関係　C 時系列　D 対比・対照

解答3　　問1　⑤　　問2　A, D
帰納型で、クレームは最終文。"How and why can?"（どのように、なぜ呼べるのか？）が論証責任である。
アメリカと「対比」しながら、日本の現状を「列挙」して、論証している。ワラントは、「JTのデータは信用できる」、「ティーネージャーは喫煙してはならない」ということだが、あまりにもあたりまえなので省略されている。

実践演習4

次の文章を読み、続く設問1～2に答えなさい。

① It is a universal practice to value men's work more highly than women's work. ② According to Margaret Mead, no matter what the men's work may be, people in primitive societies value it more highly than the women's work. ③ This is true of developed societies, too. ④ The United States has never had a female President, nor has Japan ever had a female Prime Minister.

①女性の仕事より男性の仕事をより高く評価するのは、普遍的な慣習である。②マーガレット・ミードによれば、男性のする仕事がどんなものであれ、未開社会の人々は、女性の仕事以上に高く評価する。③これは先進社会にも言えることだ。④アメリカではこれまで一度も女性大統領が出ていないし、日本でも女性の首相は出ていない。

問1　クレームになっている文の番号を答えなさい。
問2　用いられているレトリックをすべて選びなさい。
　A 列挙　B 引用　C 時系列　D 対比・対照

解答4　　問1　①　　問2　A, B

演繹型で、クレームは第1文。"How and why universal?"（どのように、なぜ普遍的なのか？）が論証責任にな

第6章　ロジカルトレーニング［インプット篇］　171

っている。

「普遍的」とは「通歴史的・通文化的・通個人的」ということ。これをマーガレット・ミードを「引用」し、未開社会と先進社会という具体例を「列挙」（「対比・対照」ではない）しながら、論証している。

ワラントは「マーガレット・ミードは人類学や女性学の泰斗である」、「大統領や首相はもっとも社会的地位の高い仕事である」で、いずれもコンセンサスとして省略されている。読者はマーガレット・ミードを知っているという前提で書かれている。だんだんワラントが高度になってきているのがわかるだろうか。

実践演習5

次の文章を読み、続く設問1〜2に答えなさい。

① Many environmentalists maintain that we should build more refuge dumps to solve trash problems. ② They ring an alarm about the space for landfills running out. ③ But I don't think that building dumps is fundamentally a good idea. ④ It is rather landfills that make people irresponsible and optimistic about garbage disposal. ⑤ More landfills would mean more trash. ⑥ A famous temple in Kyoto removed all the trash cans in the precincts, and as a result, visitors had no place to dump, and trash decreased sharply.

①多くの環境保護論者が、ゴミ問題を解決するために、もっとゴミ処理場をつくるべきだと主張している。②彼らは、ゴミ処理場の用地がなくなりはじめていると警鐘を鳴らしている。③しかし、私はそもそもゴミ処理場を建設することがよい考えだとは思わない。④むしろゴミ問題に対して人々を無責任かつ楽観的にさせているのは、ゴミ処理場なのである。⑤ゴミ処理場が増えれば、ゴミも増えるだろう。⑥京都のある有名な寺院は、境内のすべてのゴミ箱を撤去し、その結果、観光客はゴミを捨てる場所がなくなり、ゴミは激減した。

問１　クレームになっている文の番号を答えなさい。
問２　用いられているレトリックをすべて選びなさい。
　A　エピソード　B　因果関係　C　時系列　D　比喩

解答5　　問１　③　　問２　A, B

　クレームは第３文で、反論型のパッセージである。"How and why don't think ?"（どのように、なぜ思わないのか？）が論証責任。But の前では、対立命題として環境保護論者の見解を述べ、それに反論を加えている。

　用いられたレトリックは「因果関係」と「エピソード」。「ゴミ処理場が、かえってゴミ問題への無責任さを生む」という理由を述べ、京都の観光寺院でのエピソードを挙げている。

実践演習6

次の文章を読み、続く設問1～2に答えなさい。

① The idea of frontier is a very important one to understand America and its people.　② It was the historical experience unique to America, and helped to shape the materialistic, American civilization : The vast land and rich resources beyond the West triggered their desire for freedom and higher living standards.　③ In the early seventeenth century, the frontier was a mere thin line along the Atlantic coast.　④ A century later, it extended as far west as the Appalachian Mountains.　⑤ By the middle of the nineteenth century, the frontier had reached the Mississippi River.　⑥ A generation later, it had moved to the Great plains.　⑦ By the end of the nineteenth, the United States stretched across the North American Continent from the Atlantic to the Pacific.　⑧ The forces of frontier were exactly bulldozers.

①フロンティアという概念は、アメリカとアメリカ人を理解するためにきわめて重要である。②それはアメリカだけの歴史的経験であり、物質主義的なアメリカ文明を形成する一助となった。すなわち、はるか西に広がる広大な土地と豊かな資源は、彼らの自由とより高い生活水準を求める欲望の引き金を引いたのである。③17世紀初頭、フロンティアは大西洋沿いの細い線にすぎなか

った。④1世紀後、はるか西のアパラチア山脈まで広がった。⑤19世紀半ばまでには、ミシシッピ川に至っていた。⑥30年後には、大平原にまで動いていた。⑦19世紀の終わりまでには、アメリカ合衆国は大西洋から太平洋まで北米大陸を横断してしまった。⑧フロンティアの勢いは、まさにブルドーザーであった。

問1　クレームになっている文の番号を答えなさい。
問2　用いられているレトリックをすべて選びなさい。
A　因果関係　　B　引用　　C　時系列　　D　比喩

解答6　　問1　①　　問2　A, C, D

クレームは第1文で、演繹型のパッセージである。"How and why important?"（どのように、なぜ重要なのか？）が論証責任。

まず、「フロンティアが特殊アメリカ的な歴史的経験であり、物質主義的なアメリカ人のエトス（心性）を形成したから」という「因果関係」が述べられ、17世紀初頭から19世紀末までのフロンティア開拓の歴史を「時系列」を追ってたどっている。ワラントは「歴史的事実である」ということだろう。アメリカの歴史や地理も、コンセンサスとなっている。フロンティアとは、もちろん「そこから東は文明、西は荒野」の一線であり、アメリカ史上、常に西へ西へと動いていった一線である。そして、最後に「ブルドーザーだった」という「隠喩」が用いられている。

† **レトリックの根本原理**

　どのような論証のパターンであれ、すべてのレトリックには、2つの共通する根本原理がある。それが、「同形反復」と「反転反復」である。
　「同形反復」とは、「筆者は同じデータを形（表現）を変えて反復する」という原理だ。具体例が列挙されていようが、権威ある学者の説が引用されていようが、因果関係が述べられていようが、それらはすべてクレームを論証するための「同じデータ」の繰り返しである。
　たとえば、「彼はカッコいい」というクレームに対して、「ミスターキャンパスに選ばれた」という過去の事実をデータに挙げたとしよう。これを「バレンタインでたくさんチョコをもらった」（過去の事実）＝「ジュノンスーパーボーイコンテストで最終選考まで進んだ」（過去の事実）＝「キムタクのようだ」（比喩）といった具合に、さまざまに形（表現）を変えながら反復していくのである。
　アメリカ人の会話を聞いていると、1つの発言をI mean...（私が言いたいのは……）とか In other words（つまり）などと、相手が（あるいは自分が）納得するまで、ひたすら別の表現で繰り返しているのがわかる。これは、いわば英語コミュニケーションのカギである。不自然な表現でもカタコトでもいいから、とにかくデータを1つ挙げる。あとは、それを同形反復していけばいいのだ。
　「反転反復」は同形反復のバリエーションで、「筆者は同じデータを反転させて（逆の言い方で）反復する」という

原理である。英語の場合、やはりきわめて明確に「形」から、この「反転反復」を見抜くことができる。すなわち、「否定形」、「過去形」、「逆接」、「仮定法」、「比較級」の五つである。

たとえば、"It is fine today. It is not （　） today." では、空所に入る形容詞は何だろう。not という否定形に注目する。「否定形」による反転反復である。fine＝not（　） という等式が成り立つわけである。rainy や windy など、fine の対義語が入ればよいということだ。

また、「過去形」もほとんどの場合、現在との比較において反転反復に用いられる。つまり、"It rained yesterday.＝It is fine today." という具合に、まず過去の事実を述べ、それを反転させる形で現在に関する事実を述べる。過去形の事実が必ず現在形の事実と反転するわけではないが、非常に多く用いられるレトリックである。

「逆接」は、"It is fine today, *but* it will rain tomorrow."（今日は晴れだが、明日は雨が降るだろう）というふうに、逆接の接続詞のあとで反転するパターンである。Yet（それでも）、On the contrary（逆に）、On the other hand（一方）、By contrast（対照的に）など、「譲歩」や「対比・対照」の接続詞のあとでも、反転反復が起こる（ただし、クレームを導いて「反論型」をつくることができるのは But だけである）。

「仮定法」による反転反復とは、"If it rained today, I could stay home."（もし今日雨なら、家にいられるのに）＝"Since it is fine today, I must go out."（今日はいい天気だか

ら、外出しないといけない）というものだ。

　また、「比較級」では、than以下が反転することになる。たとえば、It is fin*er* today *than* yesterday. を見るだけで、fine today＝not fine yesterday という反転反復が読み取れるのである。

　ただし、こうした反転反復も、日本語になった途端に読み取りづらくなる。そもそも日本語の統語に「仮定法」や「比較級」（あるいは英語的な「時制」）は存在しないし、「過去の事実」に触れて、暗に自分の「ハラ」を伝えるということは、日本語の場合よくあることだ。現代文では、漠然と「論証では同じデータが表現を変えて繰り返される」と構えておくのが無難だろう。

† 同形反復・反転反復の実例

　実際の論文で、同形反復・反転反復を見てみよう。次の文章を読んでみてほしい。

① When we travel across the land, we also travel the symbolic landscape of the mind.　② Its meaning depends on our culture or destination.　③ But the universal thrill of the travel for all people is that we are leaving home.　④ "Home" is the social order which has given the framework to our world and mind, and to leave it is both liberating and frightening.　⑤ Ancient people feared that when they traveled far across the boundary of their social order and the land governed by their gods, the nature of the order itself would come to an end. ⑥ In travel fantasies, people have imagined the discovery of another world which has quite different or reverse principles from those of their own.

①われわれが土地を越えて旅をするとき、われわれはまた精神の象徴的な風景をも旅している。②その意味は、われわれの文化や目的地によって変わる。③しかし、すべての人にとっての旅のもっとも大きなスリルとは、われわれが故国を離れているということだ。④「故国」とは、われわれの世界や精神に枠組みを与えてきた社会的秩序であり、それを離れるということは、解放的であると同時に、恐ろしいことなのだ。⑤古代の人々は、自分たちの社会的秩序の境界線と、自分たちの神々が支配する土地をはるかに越えて旅をすれば、秩序の本質そのものが崩壊してしまうと恐れた。⑥冒険物語では、人々は自分自身のものとはまったく違う、あるいは正反対の原理をもつ別の世界の発見を想像してきたのである。

まずクレームを確認しておこう。一見、第１文のsymbolic が論証責任をつくっているように思えるが、第３文の But に注目する。反論型である。論証責任は"How and why universal?"（どのように、なぜ普遍的なのか？）。タイトルをつけるとするなら、「旅をすることのスリル」くらいだろうか。

第６章　ロジカルトレーニング［インプット篇］

では、具体的にデータを確認していこう。まず第１文で、「われわれが旅をするとき、精神の象徴的な風景をも旅している」という非常に抽象的な説明がなされている。しかし、慌てることはない。これはイコール「われわれの文化や目的地によって、旅の意味が変わる」（第２文）ということだからだ。少々内容がわかりづらくても、未知の単語が出てきても、論文では同形反復・反転反復によって推測できる。これが、現代文で言う「文脈による推測」である。
　But までで筆者が言わんとしているのはただ１つ、「旅の意味はさまざまだ」ということ。たとえば、同じ韓国に行くのでも、われわれ日本人が観光に行くのと、北朝鮮の人々が亡命するのでは、まったく意味が違う。あるいは新婚旅行で行くのか、それとも傷心旅行なのか、留学なのか、やはりその目的によっても意味は変わる。そうした「意味」のことを、筆者は「象徴的な風景」と言うわけだ。
　実は、以上のことは、But 以下のクレームに universal（普遍的）とあることから、その逆（＝特殊）だろうと推測することもできる。これは、反転反復による推測である。
　筆者のクレームは、「旅には普遍的なスリルがある」ということだ。つまり、時代を超え、国境も超え、個人の価値観も超えたスリルがあると言うのである。以下、第４文＝第５文＝第６文という同形反復である。
　まず、第４文で筆者は、「普遍的なスリル」を「社会的枠組みを離れるという解放感と恐怖」と置き換えている。「定義」のレトリックである。そして、第５文では古代人の恐怖、第６文では冒険物語という具体例を「列挙」して

いる。

　第6文のワラントになっているのは、「価値の転倒」という文学作品や映画を鑑賞する際に欠かせない視点である。たとえば、『ガリバー旅行記』では小人の世界が登場する。子供が王として君臨する世界、女性が男性を支配する世界など、冒険物語ではしばしば現実世界の価値が転倒され、描かれる。筆者によれば、こうした冒険物語のイマジネーションも、実際の旅がもつスリルから生まれたものである。実際に旅をするのが恐ろしいからこそ、自分が生きている現実世界とは正反対の世界を思い描いてきたのである。

† 形は機能

　同形反復・反転反復は、長文空所補充問題を解く際のきわめて重要な手がかりとなる。実際に1つ問題を解いてみよう。

実践演習

　次の文章を読み、[1]から[4]の空所に入れるのにもっとも適当な語を、それぞれ(A)〜(D)のなかから選びなさい。

Democracy is better than any other contemporary forms of government. It starts from the assumption that the [1] is important. All types of people are needed to make a good society. It gives people more [2]. On

第6章　ロジカルトレーニング［インプット篇］　181

the contrary, such an efficiency regime as communism divides people into the ruler and the ruled. It is an organization based on coercion. The press is [3], and people are denied any [4]. People cannot produce their favorite literature and art, or engage in their favorite study.

1. (A) society (B) individual (C) environment (D) history
2. (A) duty (B) money (C) freedom (D) work
3. (A) liberalized (B) censored (C) sponsored (D) specialized
4. (A) rights (B) newspapers (C) knowledge (D) tools

民主主義は、現代の他のどの政治形態よりも優れている。民主主義は、[1]が重要であるという前提から出発する。よき社会をつくるために、あらゆるタイプの人間を必要とする。民主主義は人々に多くの[2]を与える。これに対して、共産主義のような効率優先の政治体制では、人々は支配者と被支配者に分けられる。そうした政治体制は、強制に基づく組織である。出版物は[3]され、人々はいかなる[4]も与えられない。好きな文学や芸術も創作できず、好きな学問もできないのである。

1. (A) 社会　(B) 個人 (C) 環境 (D) 歴史
2. (A) 責務　　(B) お金 (C) 自由 (D) 仕事

3．(A) 自由化　(B) 検閲　(C) 奨励　(D) 専門化
4．(A) 権利　　(B) 新聞　(C) 知識　(D) 道具

　クレームは第1文。論証責任は"How and why better?"（どのように、なぜ優れているのか？）で、この命題を On the contrary（逆に）による反転反復、すなわち共産主義との「対比・対照」において論証しようとしている。

　On the contrary までのデータの同形反復を整理しておくと、「［1］が重要」（第2文）＝「あらゆる人間を必要とする」（第3文）＝「人々に［2］を与える」（第4文）であり、これが筆者の考える民主主義の長所である。［1］には「人間」や「人々」とイコールになる語が入ればよい。したがって、答えは（B）である。

　そして、On the contrary からは、この反転反復である。第4文までの内容を、今度は逆の言い方で反復していくのである。「共産主義のような効率優先の体制は、市民を支配者と被支配者に分ける」（第5文）＝「その組織は強制に基づく」（第6文）＝「出版物は［3］され、人々はどんな［4］も与えられない」（第7文）＝「好きなこともできない」（第8文）ということで、これらすべてが、「民主主義の長所とは逆のもの」ということになる。要するに、「自由」がないということに尽きるだろう。「自由」とは「権利」のことである。当然、出版物は「検閲」され、人々はどんな「権利」も与えられない。［3］は（B）、［4］は（A）が答えとなる。

残る［2］も、もう明らかだろう。「共産主義において与えられないもの」——直接的には coercion（強制）の対立概念（反転反復）と考えればよい。もちろん答えは (C) だろう。

解答　　1 (B)　　2 (C)　　3 (B)　　4 (A)

　どうだろうか？　論文を読むことが、実は非常にシンプルきわまりない作業であることが、実感できただろうか？ ロジックは「形」＝「機能」さえ理解すれば、誰にでも簡単に操ることができるものである。そのことがわかれば、すでに本書の目的は半分以上達成している。

† 仕上げの問題

　総仕上げとして、実際の大学入試の問題を3つ、解答してみよう。出典がいずれもやや古いものであることをご了承いただきたい。最近の大学入試の英文は、超長文化傾向にあり、1つのパラグラフでロジックが完結している文章をみつけるのは、ほとんど不可能である。

　また、複数のパラグラフからなる超長文を扱うことは、すでに純粋な英文読解の作業であり、本書の守備範囲を超えることになる。ここでは、あくまで基本的なロジックの展開に慣れること、そしてそれを日本語で運用する基礎トレーニングに徹したい。

　最初は、1993年度の東京外国語大学の問題である。オリジナルでは、英文に日本語の設問が付されている。英文

を読んで解答してもかまわないし、全訳を読んで解答しても一向に差し支えない。あるいは、英文の「形」でクレームを判断し、「意味」＝「内容」は和訳で確認するという方法でもよい。

問題1

英文の内容を読んで、設問に答えなさい。

Consider the following two points of view:
"Modern communications such as telephones, cars, airplanes bring people together as never before. Instead of communicating only over a few hundred yards one can now maintain communications over hundreds of miles."
"The excellence of modern communications serves to keep people apart as never before."
The first statement seems logically sound whereas the second seems just perverse. Yet from the second statement one can proceed to an insight switch-over in which one sees that the very excellence of long-distance communication means that one neglects short-distance 'village type' communication. Because one has friends all over the place one does not bother any more to make friends next door. And in the end short-distance communication is really more satisfactory since in a village you are always bump-

ing into friends without having to make a special effort and they are there when you need them. All this is quite logical —— once you have made the insight switch-over.

　上の英文の論旨をもっともよく表していると考えられるものを、下のア～オから1つ選びなさい。
　ア．発想の転換の利点は、通常であれば友人にでも教えてもらわないと気がつかないことがらを、自分ひとりで思いつけることにある。
　イ．短距離通信だけで事たりた時代は、完全に過去となってしまった。
　ウ．通信手段の発達は、かつてあったような連帯感を破壊し、人々をますます孤独にしてしまうことになった。
　エ．論理的な思考は、一般に前提と推論と結論からなっている。
　オ．一見したところ、非常識なように思えても、あとで論理的に確かめられるような発想というものがある。

訳文

　以下2つの見解を考えてみよう。
　「電話や自動車、飛行機といった近代通信手段のおかげで、人々の距離はかつてないほどに近くなった。わずか2、300ヤードの通信ではなく、いまや数百マイルを超えてコ

ミュニケーションを図ることができる。」
　「近代通信手段の優秀性がゆえに、人々はかつてないほど疎遠になってしまっている。」
前者の見解は論理的に理にかなっているようだが、後者はまったく非常識なように思われる。しかし、この後者の見解から１つの発想の転換を得て、長距離通信手段の素晴らしさが意味するのは、短距離の「村型」コミュニケーションを疎かにしてしまいがちだということがわかるのだ。世界中の至るところに友人がいるため、わざわざ近所に友人をつくる必要はない。そして、実は本当に心安らぐのは、短距離のコミュニケーションのほうなのだ。村ではとくに苦労することもなく、いつでも友人に会えるし、必要なとき、そばにいてくれる。すべてはまったく論理的なのだ──ひとたび発想の転換をしたならば。

　冒頭部分が引用になっていて、少しごちゃごちゃしているが、段落は１つ、したがって「イイタイコト」も１つである。設問は、そのたった１つの「イイタイコト」＝「英文の論旨」は何かを問うものだ。
　第１文の「以下２つの見解を考えてみよう」がクレームであるはずがない。クレームは最終文で、答えはオである。長距離通信や短距離通信などはデータにすぎず、イヤウを選んでいるようでは、とても論理的に読解できているとは言えない。
　もしかすると、「しかし」による反論型と判断した人もいるかもしれない。英文ではYetが使われていて、反論

第６章　ロジカルトレーニング［インプット篇］　187

型ではないことが一目瞭然なのだが、和文では But なのか Yet なのか、「形」からの判断ができない。また、この1文のスケルトンの述語は「わかる」となっている。やはり英語なら、ただ単に see なのか、それとも can see なのか、助動詞の有無で簡単にクレームかどうかを判断することができるのだが、日本語にすると、いずれも「わかる」になってしまい、区別がつかない。

したがって、このような場合は、「具体か一般か」で判断するようにするといいだろう。すなわち、第1文と「しかし」で始まる1文、そして最終文では、どれがもっとも普遍妥当性をもつ「一般論」だろうか。もちろん、「すべて」という言葉を含んだ最終文である。

日本語でロジックを操る場合、このように機能的に論理構成を見抜くことができない場合が多い。そうした日本語の機能面での不備を補うためにも、和訳によるロジカルリーディングの訓練を重ね、まずは英語の論理構成に慣れておきたい。

さて、このパッセージで筆者が用いたレトリックは、「対比」である。長距離通信手段と短距離通信手段という2つの具体例の対比において、「ひとたび発想の転換をすれば、どのように、なぜすべては論理的なのか」を論証している。

それから、和文からは読み取ることのできない重要な情報がある。冠詞である。クレームに insight switch-over（発想の転換）とあるが、冠詞は the になっている。ここで言う「発想の転換」とは、どんな発想の転換でもいいわけ

ではなく、すでに述べられた旧情報である。それが、Yetではじまる文の an insight switch-over だろう。いかに英文が、読み手に誤解を与えないよう、読み手フレンドリーに書かれているか、それに比べて日本語がいかに曖昧（プレロジカル）かがわかると思う。

どうだろうか？　論文を読む際には、膨大なデータに振り回されることなく、たった1つの「イイタイコト」を摑み取ることがもっとも大事だ。すべての語、すべての文が、たった1つのクレーム、いわば「台風の目」に面白いように収斂していく。そのことを実感できれば、眼前に一気に新しいロジックの世界が開けるはずだ。

解答　　オ

次は、1990年度の早稲田大学人間科学部の問題である。オリジナルは英問英答問題なので、問題文と設問の和訳を一緒に掲げる。先ほどと同じように、英語が苦手な方は、英語は無視して、日本語で取り組んでみてほしい。

問題2

次の英文を読んで、設問1〜2の解答として最も適当なものを、(A)〜(D) の中から選べ。

The semanticist S. I. Hayakawa stressed that words

have no intrinsic meaning. Consider the word "hood," for example. "Hood" is not a thing but a word that can stand for many different things. Its meaning depends on the context in which it is used. Words are not the things they represent, Hayakawa asserted, just as a map is not the territory it depicts. In a similar way, science is a map of nature, not nature itself. Science is not synonymous with reality. This realization should not be very surprising. If science were, in fact, synonymous with reality, it would always be right, and science is often mistaken. Scientific revolutions in the past have demonstrated that huge portions of the scientific world view at any given moment may turn out to be essentially wrong. So just as maps might mislocate a city or distort apparent distances, science is an imperfect representation of reality.

1. Which one of the following statements is closet to the main idea of this article?
   (A) Semanticists such as Hayakawa don't believe in science.
   (B) A word, a map, and science are synonymous with reality.
   (C) Hayakawa believed that a hood is a scientific fact.
   (D) Words, maps, and science represent reality, but not perfectly.
2. What has mankind learned from scientific revolu-

tions?
(A) Science is right, but maps are sometimes wrong.
(B) Words, maps, and science are synonymous.
(C) Science sometimes gives a wrong interpretation of phenomena.
(D) Science sometimes distorts maps and cities.

訳文

　意味論学者Ｓ・Ｉ・ハヤカワは、単語には、もともと備わっている意味はないと強調した。たとえば、「フード」という単語を考えてみよう。「フード」はモノではなく、多くの象徴となり得る単語である。その意味は、用いられる文脈によって変わる。ハヤカワが強調したところでは、地図がそこに描かれる土地ではないように、単語はそれが表すモノではない。同じように、科学は自然そのものではなく、自然の地図である。科学は現実と同義ではないのだ。こうした認識は、さほど驚くべきことではない。実際、もし科学が現実と同義なら、科学は常に正しいということになろうが、科学はしばしば間違うことがある。過去の科学革命が証明してきたのは、どんな時代の科学的世界観であれ、本質的にはその大部分が間違いとなり得るということだった。したがって、地図が街を誤って表示したり、外見上の距離を歪めてしまったりするように、科学は不完全にしか現実を描写できないのである。

1. 以下のどの文がこの文章の主旨にもっとも近いか。

(A)　ハヤカワのような意味論学者は科学を信じない。
   (B)　単語、地図、科学は同義である。
   (C)　ハヤカワは「フード」が科学的事実だと考えた。
   (D)　単語、地図、科学は現実を表すが、完全ではない。
2．人類は科学革命から何を学んだか。
   (A)　科学は正しい。しかし地図は間違うことがある。
   (B)　単語、地図、科学は同義である。
   (C)　科学は諸現象を誤って解釈してしまうことがある。
   (D)　科学は地図や都市を歪めてしまうことがある。

　第1文から確認しよう。スケルトンは The semanticist S. I. Hayakawa stressed の部分だが、過去形で書かれていることから、ただちにデータと判断する。「足踏み」から始まったということは、おそらくクレームを最終文に置く帰納型だろうと推測できる。

　最終文を見てみると、スケルトンは science is an imperfect representation of reality. となっていて、"How and why imperfect?"（どのように、なぜ不完全なのか？）という論証責任が生まれていることがわかる。筆者が「イイタイコト」とは、たった1つ、「科学は不完全にしか現実を表せない」ということだ。設問1の答えは、もちろん (D) だろう。

　設問2のリード文をよく見てみよう。scientific revolutions（科学革命）とある。これは、本文の下から6行目に出てくる表現である。Scientific revolutions in the past have demonstrated that...（過去における科学革命は……を証明して

きた）というのだが、「……」の内容は、もう読まなくても明らかである。データでどんなことが述べられようが、このパッセージではすべて"How and why is science an imperfect representation of reality?"（どのように、なぜ科学は不完全な現実の描写なのか？）に収斂する。もちろん、「科学革命」は「科学は不完全だ」ということを証明してきたのである。そうとすれば、答えは（C）以外にない。

　この英文のレトリックを確認しておくと、第1文で、まずS・I・ハヤカワを「引用」しながら、words have no intrinsic meaning（単語に固有の意味はない）というデータを挙げる。第2文では、その具体例としてhoodという単語を挙げ、第3文でstand for many things（多くの異なるモノを表す）と、別の表現でhave no intrinsic meaningを反復している。さらに、第4文でIts meaning depends on the context（その意味は文脈によって変わる）と反復し、第5文でたたみかけるように、Words are not the things they represent, just as a map is not the territory it depicts（地図がそれの描く領域ではないように、単語はそれが表すモノではない）と、否定形による反転反復を行なっている。

　In a similar way「同様に」からが、本題である。「対比」のレトリックを使っていることがわかる。ここからは、否定形と仮定法による反転反復が続く。

science is a map of nature, not nature itself（科学は自然の地図であり、自然そのものではない）
＝Science is not synonymous with reality（科学は現実と

同義ではない)
＝If science were synonymous with reality（仮に科学が現実と同義であるとするなら＝科学は現実と同義ではない)
＝it would always be right（それは常に正しいことになるのだが＝常に正しいわけではない)

仮定法を読む際は、常に反転反復、つまり「事実の逆」だということに注意してほしい。
そして、このことを筆者は、さらにイコールでつないでいく。

＝science is often mistaken（科学はしばしば間違う)
＝huge portions of the scientific world view at any given moment may turn out to be essentially wrong（どんな時代の科学的世界観でも、大部分は本質的に間違っていることが判明するかもしれない)

すべて同じことの繰り返しである。もちろん、こうした同形反復や反転反復のすべては、クレームである science is an imperfect representation of reality（科学は現実を不完全な形で表している）に収斂していくのである。

解答　1.（D）　2.（C）

最後は、1992年度の東京外国語大学の問題である。オリジナルでは、英文に和文の問いが設けられている。英文

を読んで解いても、和訳を読んで解いてもかまわない。これが最後の問題である。これまでのトレーニングの成果を発揮して、しっかり取り組んでほしい。

問題3

次の文を読んで、下の問い A、B に答えなさい。

In the year 1666 a great fire swept through London and destroyed more than half the city, including three quarters of St. Paul's Cathedral. Sir Christopher Wren, the original designer of the Cathedral and perhaps the finest architect of all time, was commissioned to rebuild the great edifice. He began in 1675 and finished in 1710, a remarkably short period of time for such a task. When the magnificent edifice was completed, Queen Anne, the reigning monarch, visited the Cathedral and told Wren that his work was "awful, artificial, and amusing." Sir Christopher, so the story goes, was delighted with the royal compliment, because in those days *awful* meant "full of awe, awe-inspiring," *artificial* meant "artistic," and *amusing*, from the muses, meant "amazing."

That was three hundred years ago. Today, the older, flattering meanings of *awful, artificial,* and *amusing* have virtually disappeared from popular use. Indeed, the general rule of language is that when a single word develops two polar meanings, one will become obsolete.

A．Christopher Wren の仕事に対して Queen Anne はどのような反応を示したか、下のア〜オから1つ選び、記号で答えなさい。
　ア．高く評価した
　イ．批判した
　ウ．皮肉を言った
　エ．不安に思った
　オ．無関心だった

B．この文が伝えたいことは次のどれか、ア〜オから1つ選び、記号で答えなさい。
　ア．単語の意味は時がたつにつれて変化することがある。場合によっては正反対の意味をもつようになることもある。
　イ．2つ以上の、語源が同じ単語は、混同されて使われているうちに間違った用法が定着することがある。
　ウ．単語には時として2つ以上の意味があり、その結果、誤解をまねくことがある。
　エ．ある単語に2つ以上の意味がある場合、年寄りは古い、人気のない方の意味を用いる傾向がある。
　オ．同じ単語でも、意味は人によって違った用いられかたをする。

訳文

　1666年、大火がロンドンをなめ尽くし、セント・ポール大聖堂の4分の3を含む都市の半分以上を破壊した。大聖堂のもともとの設計者であり、おそらくは当代きっての名建築家であったクリストファー・レン卿が、この大建築物の再建を命じられた。彼は1675年に着手し、1710年に竣工させたが、これはこのような事業にしては驚異的な早さであった。この壮大な建造物が完成した際、君主であったアン女王は大聖堂を訪れ、レンに対して、彼の仕事は「awfulであり、artificialであり、amusingである」と述べた。伝えられるところでは、クリストファー卿は、この女王の賛辞に大いに喜んだという。というのも、当時awfulは「畏怖に満ちた、畏怖の念を起こさせるような」という意味だったし、artificialは「芸術的な」、そしてamusingは、musesという語源から、「驚異的な」という意味だったからである。

　これは300年以上前のことである。今日では、awful, artificial, amusingの賛辞的な意味は、事実上、一般的な用法からは消えてしまっている。実際、言語の一般的法則によれば、ある1つの単語が2つの正反対の意味をもってしまうと、一方の意味はすたれてしまうのだ。

　ここでは、ロジックを駆使して、あえて全文を読まずに、設問に解答を出してみよう。
　まず、第1パラグラフは、第1文、最終文ともに過去形であり、演繹型でも帰納型でもない。また、文頭に置かれ

た But はなく、反論型でもない。以上、3カ所を確認するだけで、このパラグラフは「データだけ」とただちに判断できるはずだ。つまり、この英文全体のクレームは第1パラグラフにはなく、おそらく第2パラグラフに置かれているのだろうと推測することができる。

　第2パラグラフを見てみると、やはり第1文は過去形で書かれている。データから始まっているということは、きっとデータ→クレームの帰納型であるに違いない。

　最終文を見てみよう。ここでようやく「現在形」に変わっていることがわかる。スケルトンには、general という「相対的な形容詞」が置かれている。これがクレームである。論証責任は"How and why general ?"（どのように、なぜ一般的なのか？）。これこそが、この英文の核心であり、台風の目にほかならない。第1パラグラフも含めて、すべての議論は、ひとえにこの論証責任を果たすためだけになされたものだということだ。

　筆者のクレームは、要するに、「言語の一般的法則によれば、ある1つの単語が2つの正反対の意味をもってしまうと、一方の意味はすたれてしまう」ということ。これさえ摑めれば、全文を読まなくても、設問Bの答えは明らかだろう。「この文が伝えたいこと」とは、クレームに他ならない。もちろん、答えはアである。イの「語源」や「間違った用法」、ウの「誤解をまねく」、エの「年寄り」や「人気のない方の意味」、オの「人によって」など、もっともらしいが、よく読めば、すべてクレームとは関係ないことばかりである。

さらに、このクレームの内容から、第1パラグラフにおいて過去形で述べられたエピソードの内容も、読まずに推測することができる。「2つの正反対の意味をもち、一方の意味を失ってしまった単語」のデータ、具体例であるはずだからだ。

　もう一度、第1パラグラフをざっと眺めてみよう。"awful, artificial, and amusing" という3つの単語が引用されている。この単語を口にした主語をたどっていくと、Queen Anne である。

　これらの形容詞は、現代英語では「おぞましく、人工的で、笑いがこみ上げてくるような」という意味で、明らかに否定的である。そうとすれば、設問Aの答えは、イ、ウ、エのいずれかということになるのだが、ちょっと待ってほしい。

　これら Queen Anne が口にした単語は、何のために引用されたものか。もちろん、「言語の一般的法則によれば、ある1つの単語が2つの正反対の意味をもってしまうと、一方の意味はすたれてしまう」という筆者のクレームを論証するためだ。

　このクレームと重ねてみると、かつて "awful, artificial, and amusing" には、現代的な「おぞましく、人工的で、笑いがこみ上げてくるような」とは正反対の意味があったことがわかる。

　「素晴らしく、自然で、襟を正させるような」──言うまでもなく、答えはアだろう。あるいは、"awful, artificial, and amusing" の直後で同形反復された the royal compliment を使って解いてもよい。the はその名詞が「直前に述べた旧情報」であることを示している。「王の賛辞」——レトリックと重ねても、アにたどり着くはずだ。

> 解答　　A．ア　　B．ア

　実際には、このように英文を読まずに答えを出すなどあり得ないが、ロジカルリーディングのもっとも基本的な要点を押さえただけで、超難関国公立大学の内容一致問題に正解を導き出すことができた。

　本書で英語的な論理構成・論理展開に慣れたなら、あとは新書や新聞の社説、あるいはさまざまなコラムや論説などでトレーニングを続けていってほしい。最後に、その際注意すべきことについて触れておこう。

† 現代文の難しさ

　以上見てきたように、paper（論文）の基本は意味段落なのだが、もちろん形式段落が用いられることはある。小説・エッセイ・新聞記事の3つである。

　小説には、論証すべき明確なクレームはない。したがって、意味段落（＝クレーム・データ・ワラントのかたまり）にならないのは当然である。小説では、時や場面、新しい人物の登場などをきっかけに、段落が切り替わる。あるいは、セリフだけを単独で置いたり、あえて意表を突くために段落を変えたりする。

　エッセイは、「paper のデータに小説を用いるもの」と

考えてよい。したがって、意味段落と形式段落が入り交じった形になる。

　新聞記事は、基本的にinformative（情報だけ）なので、主観的なクレームはない。忙しくて効率的に時間を使いたい人のため、リード（見出し）を筆頭に、トップダウン方式に重要な情報から並べられている。もちろん、社説やコラムは、paperと同じように読めばよい。

　また、paperであっても、先ほどの問題3の問題文のように、レトリックにエピソードを用いる場合や、歴史本などの場合は、形式段落が多用されるのは言うまでもない。

　ただ、小説・エッセイ・新聞記事ともに、形式的に段落が用いられはするものの、冠詞や指示語、時制や接続語といった統語は、確実にロジカルに使われている。

　現代文が難しいのは、恣意的・感覚的に形式段落に割りつけられてしまう上に、統語の論理指標もほとんど消えてしまい、マクロ的にもミクロ的にもロジカルリーディングができなくなってしまうということだ。

　「現代国語」のさまざまなスタイルを、英語に近いもの順に並べてみると、次のようになる。

ロジカル（英語的）
↕
　　　1　翻訳・学術論文
　　　2　自然科学・社会科学の評論
　　　3　文芸書・新書
　　　4　社説
　　　5　手紙
プレロジカル

1の翻訳は、日本人に読みやすく形式段落に割りつけられることもあるが、訳文そのものは英語に忠実なので、もっとも英文の論理構成に近い。学術論文も、ほぼ英語に準ずるスタイルで書かれていて、演繹的なものが多い。英語が苦手で、英語的ロジックに慣れたいと思うなら、ベストセラーとなっている本の翻訳を読んでみてもいいだろう。

　大学入試で「現代文」と呼ばれるのは、2、3、4の文章である。2のいわゆる評論は、かなりロジカルに読むことができるだろう。問題は、3の文芸書・新書、あるいは4の社説といった、われわれがもっとも触れる機会の多い文章である。これらは、中途半端にロジカルに書かれているのに、英語的には読めない。

　英語の講師として現代文の参考書や講義を見ていて思うのは、「論理的読解」を標榜しながら、これらの現代文に対して、あまりにも曖昧な方法論しか提示できていないということである。

↑極意は「使い分け」

　もう一度、先ほどチャレンジした3つの入試問題の和訳を見てほしい。いずれも英文の直訳なので、英語そのままの「意味段落」になっている。小学校や中学校の作文では、「これではあまりに硬く、読みづらい」という理由で、次のように、もう少し細かく段落割りをするよう指導されるだろう。

比較1

　以下2つの見解を考えてみよう。

　「電話や自動車、飛行機といった近代通信手段のおかげで、人々の距離はかつてないほどに近くなった。わずか2、300ヤードの通信ではなく、いまや数百マイルを超えてコミュニケーションを図ることができる。」

　「近代通信手段の優秀性がゆえに、人々はかつてないほど疎遠になってしまっている。」

　前者の見解は論理的に理にかなっているようだが、後者はまったく非常識なように思われる。

　しかし、この後者の見解から1つの発想の転換を得て、長距離通信手段の素晴らしさが意味するのは、短距離の「村型」コミュニケーションを疎かにしてしまいがちだということがわかるのだ。

　世界中の至るところに友人がいるため、わざわざ近所に友人をつくる必要はない。そして、実は本当に心安らぐのは、短距離のコミュニケーションのほうなのだ。村ではとくに苦労することもなく、いつでも友人に会えるし、必要なとき、そばにいてくれる。

　すべてはまったく論理的なのだ——ひとたび発想の転換をしたならば。

比較2

　意味論学者S・I・ハヤカワは、単語には、もともと備わっている意味はないと強調した。

　たとえば、「フード」という単語を考えてみよう。「フー

ド」はモノではなく、多くの象徴となり得る単語である。その意味は、用いられる文脈によって変わる。

ハヤカワが強調したところでは、地図がそこに描かれる土地ではないように、単語はそれが表すモノではない。同じように、科学は自然そのものではなく、自然の地図である。科学は現実と同義ではないのだ。

こうした認識は、さほど驚くべきことではない。実際、もし科学が現実と同義なら、科学は常に正しいということになろうが、科学はしばしば間違うことがある。過去の科学革命が証明してきたのは、どんな時代の科学的世界観であれ、本質的にはその大部分が間違いとなり得るということだった。

したがって、地図が街を誤って表示したり、外見上の距離を歪めてしまったりするように、科学は不完全にしか現実を描写できないのである。

比較3

1666年、大火がロンドンをなめ尽くし、セント・ポール大聖堂の4分の3を含む都市の半分以上を焼き尽くした。

大聖堂のもともとの設計者であり、おそらくは当代きっての名建築家であったクリストファー・レン卿が、この大建築物の再建を命じられた。彼は1675年に着手し、1710年に竣工させたが、これはこのような事業にしては驚異的な早さであった。

この壮大な建造物が完成した際、君主であったアン女王は大聖堂を訪れ、レンに対して、彼の仕事は「awfulであ

り、artificialであり、amusingである」と述べた。伝えられるところでは、クリストファー卿は、この女王の賛辞に大いに喜んだという。

というのも、当時awfulは「畏怖に満ちた、畏怖の念を起こさせるような」という意味だったし、artificialは「芸術的な」、そしてamusingは、musesという語源から、「驚異的な」という意味だったからである。

これは300年以上前のことである。今日では、awful, artificial, amusingの賛辞的な意味は、事実上、一般的な用法からは消えてしまっている。

実際、言語の一般的法則によれば、ある1つの単語が2つの正反対の意味をもってしまうと、一方の意味はすたれてしまうのだ。

実は、問題1から3の英文に、すべて英語にはめずらしい「帰納型」である。私があえて古い入試問題から、苦心して短い帰納型の英文ばかりを選んだのには、理由がある。帰納型の英文を日本語に直訳した上で、上のように「形式段落」に割りつけたものが、ほかならぬ「現代文」だからである。

すでに述べたように、「言わぬが花」の日本語では、なるべく「イイタイコト」は後回し（遠回し）にしようとするため、ロジカルに書こうとしても帰納型になることが多い。さらに、日本語では意味段落に割れずに、恣意的で感覚的な形式段落になってしまう。そうしてでき上がった「作文の型」が、「起承転結」である。

† **究極、ハラ芸**

　第4章で述べたように、新書や社説の場合、「小見出し」や「タイトル」が与えられるので、現代文では、事実上「小見出し」＝「意味段落」と考えてよい。こうした日本的ロジックの典型と思われるのが、「天声人語」である。
　英文対照の天声人語集（季刊）が原書房から出版されている。朝日新聞論説委員室が小見出しをつけて編集し、朝刊英字紙「ヘラルド朝日」に掲載された英訳を収めたものだ。その中から、2005年12月4日のものを読んでみよう。

スポーツ選手の外国語力

　米大リーグ入りを決めた城島健司捕手の英語力を、米紙が相次いで取り上げた。「試合中に話すのは捕手の大切な仕事。英語が得意でない日本人に務まるのか」と。
　英語に定評のある長谷川滋利投手も、渡米直後は言葉の壁に泣いたそうだ。英語に疲れるとトイレに逃げ込み、日本語の本を読みふけった。それが今や通訳ぬきで会見し、英語習得法を説く本まで出版した。
　中国の卓球リーグに飛び込んだ福原愛さんは、みごとな中国語を操る。発音も本格的で、地元のテレビ番組に出演して人気が高まった。ゴルフの宮里藍さんも英語で堂々と応じている。

逆に日本へ来た外国人選手はどうか。たとえば角界は徹底した日本語漬けで知られる。朝青龍関も入門してすぐは言葉に苦労した。顔色の悪い兄弟子をいたわるつもりで「関取、顔悪いっすね」と声をかけ、猛烈に叱られている。

　予習なしで来日し、通訳はおらず、日本語学校にも通わない。それなのにみるみる上達するのはなぜか、と早大教授の宮崎里司さんは外国人力士や親方ら約30人に面談した。わかったのは、相撲界がサブマージョン式の日本語教室になっていたことだ。英語で水没や浸水を意味する。泳ぐかおぼれるか、異言語の海に手荒く放り込む。

　英語の海にこぎ出せば、誰にもトイレに隠れたくなる日があるだろう。けれども大リーグは弁論大会ではない。日米の野球に通じたバレンタイン監督も「形容詞の用法や動詞の時制が理解できても捕手の仕事には役立たない」と米紙に語っている。心配するには及ばないようだ。

　ここまでトレーニングを重ねてきたみなさんなら、読み出しからデータ（米紙の引用）であり、段落は形式的で、クレームが最後の「心配するには及ばないようだ」であることが、すぐにわかるはずだ。

　実際、この部分の「ヘラルド朝日」の英訳は、"Jojima shouldn't have to worry."（城島は心配すべきでない）となっている（Jojimaという主語が補われている）。ただ、英語

ではあまり否定形で意見を述べることはしない。婉曲的だからだ。notと言えばbutと言う。心配しないで、ではどうすればいいのか。

「ヘラルド朝日」の小見出しは、"Jojima only has to keep his eye on the ball."（城島はボールから目を離しさえしなければよい）である。クレームをよりはっきり言い換えていることがわかるだろうか。"Jojima shouldn't have to worry, but only has to keep his eye on the ball."（城島は心配しないで、ボールから目を離しさえしなければよい）——これがこの文章のただ1つの「イイタイコト」である。

日本語の小見出しが「スポーツ選手の外国語力」となっていることにも注意しよう。クレームではなく、データに軸足を置いた小見出しになっている（本書をはじめ、新書の小見出しも同じである）。こうしたところにも、ロジックが表に出づらい「言わぬが花」の日本語の心の習慣が表れている。

さて、論理の構成だが、この文章は、本来「反論型」で書くべきである。米紙の「試合中に話すのは捕手の大切な仕事。英語が得意でない日本人（城島捕手）に務まるのか」という対立命題を述べた上で、「But城島は心配しないで、ボールから目を離しさえしなければよい」というクレームを置く（だからこそ、英文のクレームの主語はJojimaになっていたわけだ。英訳者の苦労が偲ばれる）。

データは、同じ日本人の長谷川投手や福原愛選手、宮里藍選手、あるいは外国から来た朝青龍関ら「スポーツ選手の外国語力」である。しかし、残念ながらこれらは「列

挙」になっていない。これらデータのワラントとなるのが、続く宮崎里司教授の「引用」なのだが、これは外国人力士にのみ有効な根拠である。いや、そもそも米紙が指摘しているのは、あくまで「捕手の仕事」のはずだ。筆者が列挙したスポーツ選手は、誰も捕手ではない。

　また、最後のバレンタイン監督の「引用」も、恣意的に「語法」の問題にすり替えてしまった無効データだろう。米紙は「英語が得意でない」と言っているのであって、「語法が苦手」などとは言っていない。百歩譲って、この引用を認めたとしても、ただちに先の宮崎教授の引用と矛盾する。筆者は、宮崎教授の調査を引用することによって、暗に「城島は英語サブマージョンによって朝青龍関（あるいは長谷川投手や福原愛選手、宮里藍選手）のように言葉の壁を克服するだろう」と言おうとしたのではないのか。捕手の仕事に英語は関係ないのなら、何も「スポーツ選手の外国語力」などデータに出す必要はない。

　残念ながら、これが「大学入試出題率 No.1」と言われる現代文の典型である。私が言いたいのは、これをどう論理的に読むのか、そこで「論理」とは一体何を意味するのかということだ。「天声人語」の議論は、やはり「よいからよい、悪いから悪い」、「ね、ね、わかるでしょ」流の感覚的でプレロジカルなハラ芸なのである。

　国語の教師の多くが、論理的読解の教材として「天声人語」を無批判に使用している（使用せざるを得ない）ところに、現代国語教育の混乱と混迷が如実に表れているように思えてならない。

「天声人語」を教材として使うなら、「ヘラルド朝日」の英訳と比較して、英文の小見出しがどのようになっているかを確かめながら、原文のプレロジカルさを確認してみるとよいかもしれない。ただし、あくまで反面教師的に読むこと。また、間違っても、その英訳文を英語リーディングのテキストに用いてはならない。

†グローバル時代のホンネとタテマエ

　一般書や新書では、基本的には「天声人語」（＝小見出し段落）がたくさん並び、それらが全体として１つの「イイタイコト」（＝タイトル）を述べようとしている。そのような目で、読んでみるといいだろう。それらの議論の進め方は、決してロジカルではない。現代文とは、ロジックとハラ芸が混在したものだということを認めなければ、その体系的な指導法を確立することは不可能である。

　学術論文や大学受験の小論文では、できるだけ英語に近い「意味段落」をつくるよう指導する。当然、クレーム先行の演繹型が望ましい。「天声人語」のような書き方はもってのほかである。

　小中学校の作文や本書のような文章では、帰納型の「小見出し段落」を指導する（形式段落をいわゆる「起承転結」にまとめる）。そして、日常的な手紙などではロジックではなく「プレロジカルな様式」を用いる。それぞれを書き分け、読み分けるトレーニングがぜひとも必要だと思う。

　要するに、グローバル社会における日本語とは、ハラ芸とロジックという新しいホンネとタテマエの使い分けであ

る。

　やや長期的な展望に立って、具体的な提言をするなら、論理思考のトレーニングは、国語（現代文）ではなく英語の教師が行なう。高い英語の運用能力をもった教師が、英語との比較において、英語の心の習慣であるロジックを教える。そして、「現代文」では、明治から昭和まで（ワープロ以前）の美しい日本語を「体読」する身体知教育を実践していく。その両面からのアプローチによって、必要最低限ロジカルで、かつ「国の個性」を保った日本語が、自然に使えるようになるのではないか。

　身体知のリアルに支えられたハラ芸（ホンネ）とロジック（タテマエ）の使い分け——。それこそ、文科省が「国語力向上モデル事業」を通して真に目指すべき当来の「国語力」だろう。そして、そうした国語力を養成する新しい指導法の構築を、いま何より急がなければならないと思う。

あとがき

　私が身を置く受験産業では空前の「論理」ブームなのだが、知識人の世界では「論理は国を滅ぼす」という論調が主流になりはじめているようだ。まったく正反対に思えるこれらの動向は、どちらも正しい。そのことは、ここまで本書をお読みくださったみなさんなら、即座にうなずいてくださると思う。

　察しやハラ芸という日本人の心の習慣の形成には、自然や歴史といった環境条件が深く関わっていたと思われる。

　ロジックを育んだ自然環境は、およそ厳しい大陸性のそれだった。これに対して、日本の美しい自然は人間に優しく暖かい。四方を海に囲まれた四季折々の豊かな山河の恵みは、日本人にとって世界中のどの民族以上に肯定しやすく、したがって日本人は「お日様」や「お月様」、「お水」、「お土地」など、自然を「聖なるもの」として受け止め、同化することができた。自然を敵視したり、対象化したりする必要はなかったのである。

　あるいは、西洋人が放浪や侵略虐殺を繰り返したのに対して、日本人は、鎌倉時代二度に渡って蒙古軍が襲来した「元寇」や、太平洋戦争における沖縄戦を除いて、他民族から侵略を受けた経験をもたない。さらに江戸時代までは移動の自由がなく、集団から排除されることは、ほとんど死を意味した。察しやハラ芸は、こうした静態的な関係の

中で生きていくためのコミュニケーション手段として発達したものだ。もっぱら自己を押し殺し、周囲と同化しようとする心の習慣が形成されたのである。

論理は、もともと日本語にはなかった心の習慣である。論理がいかに日本語の美しい情緒的な察しやハラ芸のコミュニケーションを蹂躙するかは、すでに本書の読者には馴染み深い物語だろう。しかし、それと同時に、ますます国際化する世界の中で、否応なく他者と交わることを余儀なくされ、もはや察しやハラ芸だけでは通用しない時代に生きていることも、また紛れもない事実である。

いま多くの知識人が、グローバル社会における「論理」の専制と暴虐を批判し、憂慮している。まさに、わが意を得たりの思いである。しかし、大衆レベルでの現実に目をやると、論理思考を正しく身につけた日本人は、実はほとんどいないと言ってよい。受験生の大半は、論理のイロハすらわかっていない。論理を超えるためには、まず論理を踏まえていなければならないが、その肝心の論理の前提がないのである。

書店に行けば、「ロジカルシンキング」や「論理的思考法」と銘打った本が、所狭しと平積みされている。ところが、そのいずれを見ても、肝心の「論理」とは何か、「ロジック」とは何かということになると、明確な定義はなく、単に「話の筋道」のことであったり、「効率」や「シンプルさ」のことであったりするようだ。

しかし、論理とは決してそんな曖昧なものではない。かと言って、MBA的、あるいは論理学ベースの専門書を読

まなければならないというものでもない。第一、「朝まで生テレビ」で口角泡を飛ばしてなじり合っている知識人の多くが、大学の哲学の講義で論理学を学んだ人たちではないか。論理とは、要するに英語の心の習慣であって、それ以上のものでも、それ以下のものでもないのだ。

日本の「国の個性」を守りながら、いかにグローバル化（英語化）の要請に応えていくのか。われわれは、この大きい難問に直面している。最近かまびすしく必要が叫ばれるようになった早期英語教育が、その解決になるとは決して思わない。

文科省が取り組んでいる「国語力向上モデル事業」は、国語という科目だけの問題ではなく、英語も巻き込んだ壮大なプロジェクトであるべきだろう。「日本語はロジカルには運用できない」という認識を出発点とした現代文教育の見直しが必要である。

より具体的に言うなら、（限界を踏まえた上での）日本語による正しい論理教育と、他方における伝統的な身体知教育を2つの柱とする国語教育を構築することである。本書は、もっぱら前者の具体的方法を扱うものであるが、もしそこに1つの方向性を示すことができたとすれば幸いである。

ただ、入門書の性格もあり、残念ながら本書では、複数の意味段落から構成される長い論文（英文）を扱うことはできなかった。読者のみなさんの声を待ち、次回を期したいと思う。

最後になったが、本書は、ちくま新書編集長の磯知七美さんとの出会いがなければ、決して世に出ることはなかった。磯さんの卓抜した洞察力と言語感覚が、どれほど私を刺激し、いまの環境にはない鮮烈なインスピレーションをもたらしてくれたかわからない。心からお礼を申し述べたい。
　2006年3月

横山雅彦

ちくま新書
604

高校生のための論理思考トレーニング

2006年6月10日　第 1 刷発行
2022年3月5日　第12刷発行

著者
横山雅彦
(よこやま・まさひこ)

発行者
喜入冬子

発行所
株式会社筑摩書房
東京都台東区蔵前 2-5-3　郵便番号 111-8755
電話番号 03-5687-2601（代表）

装幀者
間村俊一

印刷・製本
三松堂印刷株式会社

本書をコピー、スキャニング等の方法により無許諾で複製することは、
法令に規定された場合を除いて禁止されています。請負業者等の第三者
によるデジタル化は一切認められていませんので、ご注意ください。
乱丁・落丁本の場合は、送料小社負担でお取り替えいたします。

© YOKOYAMA Masahiko 2006　Printed in Japan
ISBN 978-4-480-06305-2 C0280

ちくま新書

486 図書館に訊け! ── 井上真琴

図書館は研究、調査、執筆に携わる人々の「駆け込み寺」である! 調べ方の超基本から「奥の手」まで、カリスマ図書館員があなただけに教えます。

504 思考を鍛える論文入門 ── 神山睦美

9・11テロ事件以後、私たちは否応なく、世界と自分との関係について考えねばならなくなった。最近の大学入試小論文問題から、実存と倫理の問題を考えていく。

524 ありえない日本語 ── 秋月高太郎

現実に対して「ありえない!」と言えるのはなぜ? 「やばい」をいい意味で使っていいの? なにげに違和感を覚える現代日本語をその独特のルールから分析する。

551 「伝わる!」説明術 ── 梅津信幸

どんなに込み入った話でも、「たとえ」(アナロジー)で理解すれば上手に説明できる! その仕組みと使い方を分かりやすく解説した、まったく新しい「説明術」の本。

563 国語教科書の思想 ── 石原千秋

「読解力低下」が問題視される昨今、国語教育の現場では何が行なわれているのか? 小・中学校の教科書をテクストに、国語教科書が隠し持つイデオロギーを暴く。

590 日本語を叱る! ── 加賀野井秀一

日本語は歴史的に、翻訳機能によって可能性を広げてきた。"一語文"、"タメロ"、"カタカナ語"など「甘やかされた日本語」の氾濫を、新たな視点から立て直す。

542 高校生のための評論文キーワード100 ── 中山元

言説とは? イデオロギーとは? テクストとは? 辞書を引いてもわからない語を、思想的背景や頻出する文脈から解説。評論文を読む〈視点〉が養えるキーワード集。

ちくま新書

110 「考える」ための小論文 — 森下育彦 西研
論文を書くこととは自分の考えを吟味するところから始まる。大学入試小論文を通して、応用のきく小論文を身につけるための哲学的実用書。

122 論文・レポートのまとめ方 — 古郡廷治
論文・レポートのまとめ方にはこんなコツがある！用字、用語、文章構成から図表の使い方まで実例を挙げながら丁寧に秘訣を伝授。初歩から学べる実用的な一冊。

134 自分をつくるための読書術 — 勢古浩爾
自分とは実に理不尽な存在である。だが、そのことに気づいたときから自分をつくる長い道程がはじまる。読書という地味な方法によって自分を鍛えていく実践道場。

275 議論術速成法 ——新しいトピカ — 香西秀信
議論の巧みな人たちがいる。彼らの意識的・無意識的な方法は古代ギリシアに始まる。ディベート時代に、それを公然と盗(活)用する現在形「議論のための発想の型」。

292 ザ・ディベート ——自己責任時代の思考・表現技術 — 茂木秀昭
「原発は廃止すべし」。自分の意見をうまく言えますか？データ集めから、立論、陳述、相手への反駁まで、学校やビジネスに活きるコミュニケーション技術を伝授。

365 情報の「目利き」になる！ ——メディア・リテラシーを高めるＱ＆Ａ — 日垣隆
ウソ情報にだまされず、知りたい情報をしっかりゲット、大切なことを誤解なく伝えるには？ ネット時代の「目利き」になるための、楽しくも刺戟的な実践講座！

428 自分づくりの文章術 — 清水良典
文章を自分らしく創る力はどんな処世術よりも生きる上で有利なツールだ。旧来の窮屈な文章観を駆逐し、作文することの根源的な歓びへといざなう革命的文章読本。

ちくま新書

448 漢字の知恵 — 阿辻哲次
漢字には古代人の叡智がぎっしりと詰まっている。それぞれの文字が作られた背景を探り、そこに保存された豊かな感性に触れてみよう。目から鱗のうんちく話満載！

463 ことばとは何か — 言語学という冒険 — 田中克彦
ことばはなぜ諸国語に分かれ、なぜ変わるのか。民族の根拠ともなるこの事実をめぐるソシュールら近・現代言語学の苦闘を読みとき、二一世紀の言語問題を考える。

375 英文読解完全マニュアル — 澤井繁男
日本人に使える英語が身につかないのは、ほんとうに学校英語が悪いのか？　受験英語の実力派講師が入試問題や教科書を素材に、英文を読みこなすツボを完全伝授！

183 英単語速習術 — この一〇〇〇単語で英文が読める — 晴山陽一
どんな英語の達人でも単語の学習には苦労する。英単語の超攻略法はこれだ！　対句・フレーズ・四字熟語記憶術からイメゾル式暗記法まで、新学習テクニックの集大成。

203 TOEIC®テスト「超」必勝法 — 晴山陽一
なんと一人の中年男が一夜漬けで、TOEIC七四〇点をとってしまった！　このような快挙がなぜ可能だったのか。受験を実例に伝授するプラス思考の英語学習術。

236 英単語倍増術 — 必須一〇〇〇単語を二倍にする — 晴山陽一
好評『英単語速習術』で選定した学生・社会人のための「必須一〇〇〇単語」を最小限の努力で一挙に二倍にする、とっておきの英単語「超」攻略法。待望の第二弾！

558 実例！英単語速習術 — 例文で覚える一〇〇〇単語 — 晴山陽一
日本人の英語学習法を変えた驚異のベストセラー『英単語速習術』から七年。センス溢れるオリジナル例文を満載した待望の実例版。大学受験・TOEIC対策に必携！

ちくま新書

599 高校生のための古文キーワード100 鈴木日出男

暗記はやめる! 源氏物語注釈・枕草子注釈、古語辞典編著を経て、国文学界の第一人者が書き下ろす、読んで身につく古文単語。コラム〈読解の知恵〉も必読。

009 日本語はどんな言語か 小池清治

文法はじつは興味津々! 本書は日本語独自の構造に根ざした方法によって大胆に迫る。日本語の奥の深さを実感させ、日本語がますます面白くなる一冊。

072 日本語の謎を探る ——外国人教育の視点から 森本順子

「今日は雨に降られた」、こういう日本語独特の受け身文をどうやって外国人に教えたらよいのだろう? 現場の第一線で活躍する著者が日本語の新たな謎に挑戦する。

253 教養としての大学受験国語 石原千秋

日本語なのにお手上げの評論読解問題。その論述の方法を、実例に即し徹底解剖。アテモノを脱却し上級の教養をめざす、受験生と社会人のための思考の遠近法指南。

274 日本語案内 中村明

ことばは人を映しだす。日本語はその奥にいる日本人を映しだす。日本語はいったいどんな言語なのだろう。身近な例をひきあいに、楽しく学べる現代日本語学入門。

383 日本語文法の謎を解く ——「ある」日本語と「する」英語 金谷武洋

学校で習う文法は、外国人に日本語を教えるのに全く役に立たない! 英語との発想の違いをていねいに解説しながら、日本語の構造を新しい角度から明快に語る。

406 日本語基礎講座 ——三上文法入門 山崎紀美子

「〜ので」と「〜から」、「〜したら」と「〜すれば」はどう違う。《象は鼻が長い》で有名な三上文法を使って、学校文法では解けない日本語の論理を明快に説明する。

ちくま新書

569 無思想の発見 養老孟司

日本人はなぜ無思想なのか。それはつまり、「ゼロ」のようなものではないか。「無思想の思想」を手がかりに、日本が抱える諸問題を論じ、閉塞した現代に風穴を開ける。

085 日本人はなぜ無宗教なのか 阿満利麿

日本人には神仏とともに生きた長い伝統がある。それなのになぜ現代人は無宗教を標榜し、特定宗派を怖れるのだろうか? あらためて宗教の意味を問いなおす。

445 禅的生活 玄侑宗久

禅とは自由な精神だ! 禅語の数々を紹介しながら、言葉では届かない禅的思考の境地へ誘う。窮屈な日常に変化をもたらし、のびやかな自分に出会う禅入門の一冊。

579 仏教 vs. 倫理 末木文美士

人間は本来的に公共の倫理に収まらない何かを抱えている。仏教を手がかりに他者・死者などを根源から問い直し、混迷する現代の倫理を超える新たな可能性を示す。

532 靖国問題 高橋哲哉

戦後六十年を経て、なお問題でありつづける「靖国」を、具体的な歴史の場から見直し、それが「国家」の装置としていかなる役割を担ってきたのかを明らかにする。

473 ナショナリズム ——名著でたどる日本思想入門 浅羽通明

小泉首相の靖国参拝や自衛隊のイラク派遣、北朝鮮の拉致問題などの靖国問題が浮上している。十冊の名著を通して、日本ナショナリズムの系譜と今後の可能性を考える。

474 アナーキズム ——名著でたどる日本思想入門 浅羽通明

大杉栄、竹中労から松本零士、笠井潔まで十冊の名著をたどりながら、日本のアナーキズムの潮流を俯瞰する。常に若者を魅了したこの思想の現在的意味を考える。

ちくま新書

008 ニーチェ入門 — 竹田青嗣
新たな価値をつかみなおすために、今こそ読まれるべき思想家ニーチェ。現代の我々を震撼させる哲人の核心に大胆果敢に迫り、明快に説く刺激的な入門書。

020 ウィトゲンシュタイン入門 — 永井均
天才哲学者が生涯を賭けて問いつづけた「語りえないもの」とは何か。写像・文法・言語ゲームと展開する特異な思想に迫り、哲学することの妙技と魅力を伝える。

029 カント入門 — 石川文康
哲学史上不朽の遺産『純粋理性批判』を中心に、その哲学の核心を平明に読み解くとともに、哲学者の内面のドラマに迫り、現代に甦る生き生きとしたカント像を描く。

071 フーコー入門 — 中山元
絶対的な〈真理〉という〈権力〉の鎖を解きはなち、〈別の〉仕方で考えることの可能性を提起した哲学者、フーコー。一貫した思考の歩みを明快に描きだす新鮮な若い読者のための入門書。

081 バタイユ入門 — 酒井健
西欧近代への徹底した批判者でありつづけた「死とエロチシズム」の思想家バタイユ。その豊かな情念に貫かれた思想を明快に解き明かす。

190 プラトン入門 — 竹田青嗣
プラトンは、ポストモダンが非難するような絶対的真理を掲げた人ではない。むしろ人々の共通了解の可能性を求めた〈普遍性〉の哲学者だった! 目から鱗の一冊。

238 メルロ=ポンティ入門 — 船木亨
フッサールとハイデガーの思想を引き継ぎながら〈身体〉を発見し、言語、歴史、芸術へとその〈意味〉の構造を掘り下げていったメルロ=ポンティの思想の核心に迫る。

ちくま新書

254	フロイト入門	妙木浩之	二〇世紀の思想と文化に大きな影響をあたえつづけた精神分析の巨人フロイト。夢の分析による無意識世界への探究の軌跡をたどり、その思索と生涯を描く気鋭の一冊。
265	レヴィ＝ストロース入門	小田亮	若きレヴィ＝ストロースに哲学の道を放棄させ、ブラジルの奥地へと駆り立てたものは何か。現代思想に影響を与えた豊かな思考の核心を読み解く構造人類学の冒険。
277	ハイデガー入門	細川亮一	二〇世紀最大の哲学書『存在と時間』の成立をめぐる謎とは？ 難解といわれるハイデガーの思考の核心を読み解き、西洋哲学が問いつづけた「存在への問い」に迫る。
301	アリストテレス入門	山口義久	論理学の基礎を築き、総合的知のわく組をつくりあげた古代ギリシア哲学の巨人。その思考の方法と核心に迫り、知の探究の軌跡をたどるアリストテレス再発見！
533	マルクス入門	今村仁司	社会主義国家が崩壊し、マルクス主義が後退した今、マルクスを読みなおす意義は何か？ 既存のマルクス像からはじめて自由になり、新しい可能性を見出す入門書。
589	デカルト入門	小林道夫	デカルトはなぜ近代哲学の父と呼ばれるのか？ 行動人としての生涯と壮大な知の体系を認識論・形而上学から自然学・宇宙論におよぶ現代の視座から解き明かす。
545	哲学思考トレーニング	伊勢田哲治	哲学って素人には役立たず？ 否、そこは使える知のツールの宝庫。屁理屈や権威にだまされず、筋の通った思考を自分の頭で一段ずつ積み上げてゆく技法を完全伝授！